U0878197

校企合作民航服务类专业精品教材
互联网＋活页式理念新形态教材

民航旅客运输

（第2版）

主编　段莎琪

教·学
资　源

航空工业出版社
北　京

内容提要

本书由5个项目组成，即民航运输基础、民航客票销售、正常运输服务、旅客特殊运输服务和行李特殊运输服务。其中“民航运输基础”介绍了民航相关概念、机场、航空公司、航空组织等民航基础知识，“民航客票销售”介绍了民航旅客运价、建立旅客定座记录、处理客票特殊情况等民航客票相关基础知识和技能操作，“正常运输服务”具体介绍了值机、收运行李、安检、导乘、接机、送机、中转的工作流程和行业规定，“旅客特殊运输服务”和“行李特殊运输服务”具体介绍了旅客运输和行李运输特殊情况下的处理和行业规范。

本书旨在帮助学生了解民航旅客运输的基础知识和技能操作，为学生以后深入学习民航旅客运输相关的其他专业课程打下基础。同时，本书还特别注重学生解决实际问题的能力和思维的开发，以为其将来更好地胜任民航相关工作打下坚实基础。

本书可作为各类院校空中乘务、航空服务及其他相关专业的教材，也可供民航相关从业人员培训、参考使用。

图书在版编目（CIP）数据

民航旅客运输 / 段莎琪主编. -- 2版. -- 北京 : 航空工业出版社, 2021.11（2023.6重印）
ISBN 978-7-5165-2799-3

Ⅰ. ①民… Ⅱ. ①段… Ⅲ. ①民用航空—旅客运输 Ⅳ. ①F560.83

中国版本图书馆CIP数据核字(2021)第263531号

民航旅客运输（第2版）
Minhang Lüke Yunshu (Di-er Ban)

航空工业出版社出版发行
（北京市朝阳区京顺路5号曙光大厦C座四层　100028）
发行部电话：010-85672663　010-85672683

北京市科星印刷有限责任公司印刷　　全国各地新华书店经售
2021年11月第2版　　2023年6月第3次印刷
开本：787×1092　1/16　　字数：358千字
印张：15.5　　定价：49.80元

前言 PREFACE

随着国家经济的增长和人民生活水平的提高，中国民航进入快速发展时期，机场数量、航班密度、旅客客运量等不断攀升。我国是全球民航运输量增长最快的国家之一，在以习近平同志为核心的党中央领导下，经过全国人民的努力奋斗，民航业迅速发展，在过去的“十三五”期间，我国民航业安全记录和发展增量持续向好，综合效益节节攀升，运行服务品质持续改善，科教创新成果不断涌现，行业战略地位和作用持续增强，坚定地从“民航大国”迈向“民航强国”。同时，自开展“我为群众办实事”活动以来，民航运输服务质量得到有力提升，旅客出行更加舒心、便利。

基于民航出行大众化和服务经济的快速发展，“民航旅客运输”这一课程逐渐发展完善。本课程围绕民航旅客运输具体服务流程与规范，旨在帮助学生熟悉民航运输流程，快速了解职业内容，引导学生树立职业目标，更好地为旅客出行服务。鉴于此，我们根据民航行业规范和实际工作情况编写了本书，旨在通过系统、科学、实用的讲解和灵活、实用的活动设计，培养民航运输行业全面性、发展性、创新性服务人才。但由于行业规范众多，加之本书篇幅有限，所以在编写过程中，我们在保证教材的科学性、系统性、实用性的基础上，对部分知识点进行了整合，力求化繁为简、实用为主，增强教材的实用性。

具体来说，本书具有以下几个方面的特色。

1 素质提升，助力民航强国梦

党的二十大报告指出：“育人的根本在于立德。”本书有机融入党的二十大精神，围绕“民航强国”国家战略，将专业知识与素质培养有机融合。例如，每个项目均设有素质目标，旨在引导学生积极践行和弘扬“真情服务”和“人民航空为人民”的当代民航服务宗旨；正文穿插 “科技助推民航”“薪火相传”“民航担当”“最美航空人”“旅客至上”等体例，通过讲述民航行业先锋人物故事、民航法律法规、民航科技发展等，引导学生坚定职业理想信念、勇于担当责任，激发学生的国家、民族自豪感，指引学生将个人理想与国家发展、民族复兴相结合，勇于承担继续发展民航真情服务的责任。

2 职业引领，校企合作共促发展

本书由多位一线民航专业教师和民航企业专家精诚合作编写，强调编写主体多元，强化校企合作，以教学大纲要求与民航服务岗位需求为导向，将行业标准和工作实际紧密结合，着重提升教材的职业属性，强调内容的科学性、系统性、活动性和实践性，坚持以就业为导向，注重培养学生观察、分析、解决问题的能力，以为其今后的民航服务工作打下坚实的基础。

3 形式灵活，理论学习与实践操作一体化

为适应职业教育改革的需要，本书在编写时注重突出“以学生为中心”，重视学生的主体地位，重在告诉学生“是什么、做什么、怎么做”，将理论与实践紧密结合，并以此创新教学内容表现形式，旨在培养学生良好的岗位能力和职业核心能力。全书采用“项目导向、任务驱动”的编写模式，将每个项目分解为若干个任务，每个任务按照“任务清单”→“任务导入”→“知识讲解”→“任务实施”→“任务评价”的形式展开。

- **任务清单：**设置“课前预习”“课中学习”“课后复习”。“课前预习”以查询课堂知识相关资料为主，旨在让学生通过查询相关资料初步了解本任务所讲内容，并提高学生关注行业信息的意识；“课中学习”详细界定了学习的侧重点，使学生在学习过程中更容易把握知识重点；“课后复习”为学生制定了丰富的课后活动，以使学生在活动中加深对课上所学知识的理解和掌握。
- **任务导入：**设置热门资讯、典型案例等内容，激发学生的学习兴趣，同时通过提问引起学生的思考，使学生带着问题有针对性地去学习。
- **知识讲解：**以“实用为主、够用为度”为原则进行知识讲解，力求通俗易懂。此外，正文中穿插“民航小贴士”“民航加油站”“民航智慧园”“民航互动营”“职业体验零距离”等多种体例，既加深了学生对课堂知识的理解，拓展了学生的知识储备，还增强了学生对书本和知识的兴趣，做到了让学生“从兴趣中获取知识”。
- **任务实施：**对理论性较强的任务，设置写心得体会、调查与分析报告等活动，考查学生对相关知识点的掌握程度及分析问题、总结思考的能力；对实践性较强的任务，设置情景模拟等活动，让学生在情景模拟中深化对课上所学知识的应用，锻炼职业相关技能。
- **任务评价：**根据任务清单和任务实施内容科学设置评价标准、合理分配分值，通过自评、他评与师评相结合的方式，帮助学生明确自己的问题，以便学生有针对性地及时巩固练习。

4 平台支撑，搭建立体教学新体系

本书配有丰富的教学资源（如教学课件、微课视频等），读者可以登录文旌综合教育

平台“文旌课堂”（www.wenjingketang.com）下载。读者在学习过程中有任何疑问，都可登录该网站寻求帮助。

本书由段莎琪担任主编，宋素珍担任副主编。在编写过程中，编者参阅了大量同行专家的有关著作，并从网络中获取了部分最新资料和精美图片，在此向这些材料的作者表示衷心的感谢！由于编者水平有限，本书难免有欠缺和不妥之处，敬请广大读者批评指正。

目录

项目一 民航运输基础

项目导读

自古以来，人们就向往着飞行，希望能通过飞行快速到达目的地，以减少旅途时间和舟车劳顿，这在古代神话小说中可见一斑，如御剑飞行、腾云驾雾等，人们通过天马行空的想象力表达着对蓝天的向往。后来，随着飞机的发明和航空工业的发展，人们通过飞行来到达目的地的愿望成为现实，以往需要几天几夜才能走完的路程，乘坐飞机只需几个小时。

不过，在过去，乘坐飞机出行并不是一件简单的事，不仅机场少、飞机少、航班少，而且需要层层申请、层层把关。现在，随着时代的进步、我国国力的提升和人民生活水平的提高，机场越来越多，飞机越来越好，航班越来越丰富，机场服务流程越来越完善，乘坐飞机出行已经不再是“旧时王谢堂前燕”，它已经“飞入寻常百姓家”。

那么，当前民航运输业是如何开展工作的？本项目将从民航基础知识、航空公司、机场环境、旅客乘机流程等方面进行简单介绍。

学习目标

知识目标

- 掌握旅客乘机流程。
- 熟悉国内主要航空公司、机场环境及民航运输基础术语。
- 了解民航相关基础知识。

技能目标

- 能够根据所学知识充分做好岗前准备。
- 能够正确引导旅客便捷乘机。

素质目标

- 了解民航历史，感受时代发展的力量，以史为鉴，开创未来；了解民航现状，感受民航的茁壮成长，树立“民航自信”，坚定目标，为建设民航强国努力奋斗。
- 学习学科文化知识，提高政治道德素养，增强体魄，发挥热爱祖国、热爱民航精神，努力成为引领民航发展和服务的有力后备力量。

任务一 了解民航

任务清单

请根据任务清单完成课前预习、课中学习和课后复习，完成后在对应的方框内打“√”。

课前预习	□	关注民航资讯，掌握民航前沿信息，建立与民航的联系
	□	学习民航相关国家政策，感悟民航对国家发展的重要意义
课中学习	□	熟悉民航的定义、分类及组成
	□	了解航空组织、航空联盟
课后复习	□	完成任务实施，深刻了解我国民航发展历程，感受我国民航发展的“中国速度”，坚定为我国民航强国建设不懈奋斗的决心
	□	回顾本任务所学知识，总结知识重点、难点，建立知识脉络体系

任务导入

民航是战略性产业，在国家开启全面建设社会主义现代化强国的新征程中发挥着基础性、先导性作用。建设民航强国，既是更好地服务国家发展战略，满足人民美好生活需求的客观需要，也是深化民航供给侧结构性改革，提升运行效率和服务品质，支撑交通强国建设的内在要求。经过几代中国民航人的接续奋斗，我国已具备从民航大国向民航强国跨越的发展基础，同时也面临基础保障能力不足、资源环境约束增大、发展不平衡不充分现象突出等问题。

2018 年 12 月 10 日，中国民用航空局举行新闻发布会，发布《新时代民航强国建设行动纲要》(以下简称《纲要》),《纲要》要求：从 2021 年到 2035 年，实现从单一航空运输强国向多领域民航强国的跨越，我国民航综合实力大幅提升，形成全球领先的航空公司、辐射力强的国际航空枢纽、一流的航空服务体系、发达的通用航空体系、现代化空中交通管理体系、完备的安全保障体系和高效的民航治理体系。

请思考

什么是民航？它有哪些特性？为何会在我国全面建设社会主义现代化强国的新征程中发挥着如此重要的作用？作为一名“准民航人”，你认为自己可以为我国民航强国建设做出哪些贡献？

知识讲解

民用航空，简称“民航”，是指使用各类航空器从事除执行军事、警察和海关飞行任务以外的所有航空活动。民用航空的发达程度，是衡量一个国家社会经济繁荣程度的重要标志之一，也能在一定程度上体现一个国家的综合实力和现代化水平。

一、民航的分类

（一）商业航空

商业航空，又称公共航空运输，是指以航空器为载体进行经营性的客、货运输的航空活动。商业航空是交通运输的一部分，与铁路、公路、水路和管道运输共同构成国家交通运输系统。

1. 商业航空的特性

（1）商品性

商业航空所提供的产品是运输对象的空间位移，其产品的单位是人千米或吨千米。商业航空产品的商品属性是通过产品使用者在航空运输市场的购买行为实现的。

（2）服务性

商业航空是服务性行业，它以提供空间位移的多寡反映服务数量，以服务手段和服务态度反映服务质量。这一特性迫使承运人必须不断扩大运力以满足社会日益增长的产品需求，必须不断提升服务质量以为产品使用者提供更加安全、便捷、舒适的服务，并以此来提高自己的核心竞争力。

（3）国际性

商业航空已成为国际政治往来和经济合作的纽带。这里面既包括国际友好合作，也包括国际激烈竞争。同时，在服务、运价、技术协调、经营管理和法律法规的制定实施等方面，各国商业航空都要受国际统一标准的制约和国际航空运输市场的影响。

（4）准军事性

在现代战争中，掌握制空权（交战一方在一定时间内取得的对一定空域的控制权）是取得战争主动地位的重要决定因素。因此，很多国家在法律中明确规定，公共航空运输企业所拥有的机群和相关人员在平时服务于国民经济建设，作为军事后备力量，在战时或紧急状态时，即可依照法定程序被国家征用，服务于军事需求。

（5）资金、技术、风险密集性

航空运输业是一个高投入的产业，无论是运输工具，还是其他相关设备，都价格高昂。同时，由于技术要求高、设备操作复杂、各部门间相互依赖程度高，其运营风险较大。此外，任何一个国家的政府和组织都没有相应的财力像补贴城市公共交通一样去补贴本国的公共航空运输业，所以公共航空运输业在各国都被认为不属于社会公益事业，必须以盈利为目标才能维持自身正常运营和发展。

（6）自然垄断性

由于公共航空运输业投资巨大，资金、技术、风险高度密集，投资回收周期长，所以对航空运输主体资格限制较严，市场准入门槛高，加之一定的历史原因，使得公共航空运输业在发展过程中形成自然垄断。

2．商业航空的优点

（1）快速性

运行速度快是商业航空的最大优势和主要特点。目前，飞机的飞行速度一般在 900 千米/小时，并且运输距离越长，所能节约的时间越多，其快速性的特点越显著，因此，商业航空比较适用于运输距离超过 500 千米的长途客运，以及鲜活易腐或价值高、时效性强的货物的运输。

（2）机动性

公共航空运输由飞机在空中完成，受到的条件限制较小，且飞机可在固定或非固定航线上定期或不定期飞行，还可以根据客、货运的流量和大小调整航线的机型，因此具有很强的机动性。这种高机动性有利于其完成各种紧急任务。

（3）安全性、舒适性

随着航空技术、维护技术的发展，民航客机适航性要求的提升，空中交通管理设施的改进和完善，公共航空运输的安全性随之不断提高。据统计，20 世纪 80 年代以来，公共航空运输每亿客千米死亡人数在海运、铁路、公路等各种交通运输形式中最低。此外，现代飞机飞行平稳、噪声小、客舱宽敞，且机上多配有餐饮和娱乐设备，因此乘坐体验感好、舒适度高。

（4）基本建设周期短，投资少

公共航空运输相较于铁路、公路的基础建设周期短、占地少、投资少、收效快，从设备条件上讲，要发展公共航空运输，只需添置飞机和修建机场。据计算，在相距 1 000 千米的两个城市间建立交通线，若载客能力相同，修筑铁路的投资是开辟航线的 1.6 倍，且铁路的建设周期为 5～7 年，而开辟航线只需 2 年。

3．商业航空的缺点

商业航空的主要缺点是飞机机舱容积和载重量较小，运载成本和运价比地面运输高。同时，由于飞行受气象条件的限制，因此会影响其正常性和准点性。此外，商业航空运输速度快的优势在短途运输中难以体现。

（二）通用航空

通用航空是指使用民用航空器从事公共航空运输以外的民用航空活动，包括从事工业、农业、林业、渔业和建筑业的作业飞行以及医疗卫生、抢险救灾、气象探测、海洋监测、科学实验、教育训练、文化体育等方面的飞行活动，如图1-1所示。

本教材主要对公共航空运输进行讲解。

扫一扫

通用航空

图1-1　飞机在农田进行航化作业

二、民航系统的组成

从组织结构看，民航由三大部分组成，即政府部门、民航企业和民航机场。

（一）政府部门

民用航空业对安全的要求极高，同时又经常涉及国家主权和国际交往事务，要求迅速协调和统一调度，因此，几乎各个国家都设立独立的行政管理部门管理民航事务。我国的民用航空事务由中国民用航空局（简称“民航局”，英文简写CAAC）负责管理，并下设7个地区管理局，分别为华北地区管理局、东北地区管理局、华东地区管理局、中南地区管理局、西南地区管理局、西北地区管理局和新疆管理局，分别管理各地区的民用航空事务。

（二）民航企业

民航企业是指从事民航业相关工作的各类企业，其中最主要的是航空运输企业，即航空公司。航空公司的主要活动是利用航空器提供地区、国内和国际定期及不定期航空客、货运输服务，是民航业生产收入的主要来源。其他类型航空企业主要是围绕航空运输企业开展活动，如油料供应企业、航材企业、航空信息服务企业（提供航空机票销售代理、航空货运代理等服务）等。

（三）民航机场

机场是指专供飞机起降活动的场所，是民航和整个社会的结合点，也是一个地区的公共服务设施。机场既带有营利的企业性质，同时也具有为地区提供公共服务的事业性质。需要注意的是，可以经营客货运输的机场称为航空港，旅客乘坐飞机旅行所使用的机场都是航空港。航空港必须设有候机楼以及处理旅客行李和货物的场地和设施。本教材所提及的“机场”均指航空港。

三、航空组织

（一）国际民用航空组织

国际民用航空组织（ICAO）是协调各国有关民航经济和法律义务，并制定各种民航技术标准和航行规则的国际组织。为促进全世界民用航空安全、有序发展，1949 年 11 月 1 日至 12 月 7 日，52 个国家受邀参加了在芝加哥召开的国际会议，签订了《国际民用航空公约》（又称《芝加哥公约》），并按照公约规定成立了临时国际民航组织。1947 年 4 月 4 日，国际民用航空组织正式成立，总部设在加拿大蒙特利尔，并于 5 月 6 日召开了第一次大会。同年 5 月 13 日，国际民用航空组织正式成为联合国的一个专门机构，其标志如图 1-2 所示。

扫一扫

国际民用航空组织

（二）国际航空运输协会

国际航空运输协会（IATA）是一个由世界各国航空公司所组成的大型国际组织，于 1945 年 4 月 19 日成立，总部设在加拿大蒙特利尔，执行机构设在瑞士日内瓦，其标志如图 1-3 所示。该协会的宗旨是：为了世界人民的利益，促进安全、正常和经济的航空运输，扶植航空交通并研究与此有关的问题；对于直接或间接从事国际运输工作的各空运企业提供合作的途径；与国际民用航空组织及其他国际组织协力合作。

图 1-2　国际民用航空组织标志

图 1-3　国际航空运输协会标志

（三）中国航空运输协会

中国航空运输协会（CATA）成立于 2005 年 9 月，是由航空运输企业，航空运输相关企业、事业单位，社会团体自愿结成的全国性、行业性、非营利性的社会组织，业务主管单位为中国民用航空局。该协会的宗旨是：积极承担社会组织责任，努力为全体会员服务，促进航空运输发展和民航持续安全，为实现建成民航强国战略目标贡献力量；遵守宪法、法律、法规和国家政策，践行社会主义核心价值观，弘扬爱国主义精神，遵守社会道德风尚，自觉加强诚信自律建设。

（四）中国民用机场协会

中国民用机场协会（CCAA）成立于 2006 年 8 月，是由全国民用机场、相关企事业法人单位和社团法人自愿结成的全国性、行业性、非营利性社会组织，业务主管单位为中国民用航空局。该协会的宗旨是：按照“共同参与、共同分享、共同成就”的指导思想，以服务会员为本，加强行业自律，发挥桥梁纽带作用，促进机场行业安全、持续、健康发展；遵守宪法、法律、法规和国家政策，践行社会主义核心价值观，弘扬爱国主义精神，遵守社会道德风尚，自觉加强诚信自律建设。

四、航空联盟

扫一扫

三大航空联盟

航空联盟是指两家或两家以上的航空公司之间所达成的合作协议。组建航空联盟，联盟成员可进行代码共享，在共飞航线上减少竞争、共享利润，使航班开出的时间更灵活有弹性；联盟成员之间可形成庞大的航空网络，在营销、服务和产品等各个方面进行对接，通过便捷转机、共享积分、共用休息室等形式，加强旅客对联盟成员的选择，从而实现共赢；联盟成员间共用维修设施、运作设备、职员，相互支援地勤与空厨作业，还可在购买飞机、采购飞机部件、采购油料等时获得较低的价格，从而降低运营成本、降低机票价格，提升竞争力。

民航智慧园

代码共享航班

代码共享航班是指由一家航空公司营销而由另一家航空公司运营的航班，即旅客的某段航程或全部航程是在 A 航空公司（营销方）购买的机票，而实际上乘坐的是 B 航空公司（承运方）的航班，A 和 B 的此航班号即为代码共享航班。代码共享对航空公司而言，可以在不投入成本的情况下完善航线网络、扩大市场份额，合作双方可通过资源互补共享，增强市场竞争优势；对旅客而言，可享受到更加便捷、丰富的服务，如更多的航班选择、一体化中转服务、优惠购票、共享休息室等。

代码共享起源于 20 世纪 70 年代的美国，后迅速风靡全球，成为全球航空运输业最流行的合作方式。1998 年 5 月，中国国际航空公司与美国西北航空公司最早在我国开展代码共享，合作双方通过连接定座和离港系统，互通常旅客项目，联合销售和促销，实现真正的“无缝隙”服务，旅客在始发机场办理登机手续时即可一次性拿到途中所有航班的登机牌，行李也可以被直接运至目的地。

（一）星空联盟

星空联盟是世界上第一家全球性航空公司联盟，成立于 1997 年，其标志如图 1-4 所示。星空联盟主要合作方式有扩大代码共享规模、分享常旅客计划点数、串联航线分布网与协调飞行时间表、共享机场服务柜台与贵宾室、共同执行形象提升活动。目前，其成员有 26 家航空公司，包括北欧航空、泰国国际航空、加拿大航空、汉莎航空、美国联合航空、全日空航空、中国国际航空和深圳航空等。

（二）寰宇一家

寰宇一家成立于 1999 年，是由美国航空公司、英国航空公司、国泰航空公司、澳洲航空公司、原加拿大航空公司 5 家分属不同国家的大型国际航空公司发起的国际性航空公司联盟，其标志如图 1-5 所示。其成员航空公司及其附属航空公司在航班时间、票务、代码共享、旅客转机、飞行常旅客计划、机场贵宾室及降低支出等多方面进行合作。目前，该联盟有 14 家正式成员。

（三）天合联盟

天合联盟于 2000 年 6 月 22 日由法国航空公司、达美航空公司、墨西哥国际航空公司和大韩航空公司联合成立，2004 年 9 月与航翼联盟合并，成为全球第二大航空联盟，其标志如图 1-6 所示。天合联盟通过联盟内所有航空公司的航班信息、座位信息和价格信息，帮旅客预定机票和座位，把中转旅客通过联盟航空公司的国内航线送到对方国家的各个城市。目前，天合联盟有 19 家正式成员，除发起的 4 家航空公司外，还包括荷兰皇家航空、中国东方航空、中华航空等。

图 1-4　星空联盟标志

图 1-5　寰宇一家标志

图 1-6　天合联盟标志

民航互动营

通过对以上知识的学习，想必你已经对航空联盟和代码共享航班有了一定的了解。你是否乘坐过以上航空联盟成员公司的飞机？是否乘坐过代码共享航班？选择同联盟航空公司会有哪些好处？选择代码共享航班时要注意哪些问题？请同学们以小组为单位，通过查阅资料及自身经历展开讨论。

任务实施

书写心得体会

请认真阅读下面关于中国民航发展史的内容，结合所学知识并查阅相关资料，自选题目，自选角度，写一篇心得体会。

以史为鉴，开创未来

1909 年，旅美华侨冯如制造出了中国人的第一架飞机并成功试飞，中国航空史就此开启。1918 年，北洋政府筹办航空事宜处掌管全国军民航空事务，并规划了京沪、京粤、京哈、京库和京蜀 5 条航线。1920 年 5 月 7 日，载有旅客和邮件的飞机由北京飞至天津，这是中国民航的首次飞行。1930 年，中美合作中国航空公司成立；1931 年，中德合作欧亚航空公司成立（后于 1943 年改组为中央航空公司）。

1950 年 8 月 1 日，中国民航开始独立自主地经营定期航班，这是中华人民共和国成立后民航发展的起点。1957 年 8 月 28 日，周恩来总理在中国与缅甸通航一周年总结报告中做出批示：保证安全第一，改善服务工作，争取飞行正常。从此，这条重要批示成为中国民航的工作方针。1959 年，中国民航购买了伊尔-18 型飞机，这标志着我国从使用活塞式螺旋桨飞机开始过渡到使用涡轮螺旋桨飞机。1965 年，我国国内航线增加到 46 条，拥有各类飞机 355 架。1971 年 11 月，国际民用航空组织任我国为其常任理事国。自 1971 年 9 月起，我国民航将工作重点放在了开辟远程国际航线上，到 1976 年底，中国民航的国际航线已发展至 8 条，通航里程达 41 000 千米。

1980 年，民航正式从军队领导转为由政府领导，民航管理开始走向现代化道路。1987 年，民航开始施行政企分开，航空公司、机场和行政管理当局按照其自身性质政企分开，分别进行经营和管理，现代民航业架构基本形成。2002 年，民航再次进行重大改革，三大航空公司（中国航空集团公司、中国东方航空集团公司、中国南方航空集团公司）及三大航空服务保障集团（中国民航信息集团公司、中国航空油料集团公司、中国航空器材进出口集团公司）宣告成立，并与民航总局（现为民航局）脱钩。2005 年，为鼓励民营资本进入民航业，促进民用航空业快速健康发展，《国内投资民用航空业规定》正式发布施行。同年，我国成为仅次于美国的全球第二大航空运输国家，成为名副其实的“民航大国”。

2010 年，中国民用航空局提出建设“民航强国”战略思想：到 2020 年初步形成民航强国，到 2030 年实现民航大国到民航强国历史转变，成为引导世界民航发展的国家。在新时期，中国民航随共和国的腾飞迅猛发展。“十三五”期间，中国民航取得了令人骄傲的成绩，民航强国八个基本特征中涉及航空运输的基本特征逐渐强化，至 2020 年，我国已经基本实现了从航空运输大国向单一航空运输强国的转段进阶。“十四五”时期，民航业在国家经济社会发展中的战略作用将更加凸显，中国民航将进入发展阶段转换期、发展质量提升期和发展格局拓展期，机遇与挑战并存，中国民航将进一步完善发展，实现向“民航强国”的身份转变。

注：

民航强国八个基本特征：一是具有国际化、大众化的航空市场空间，二是具有国际竞争力较强的大型网络型航空公司，三是具有布局功能合理的国际航空枢纽及国内机场网络，四是具有安全高效的空中交通管理体系，五是具有先进、可靠、经济的安全安保和技术保障服务体系，六是具有功能完善的通用航空体系，七是具有制定国际民航规则标准的主导权和话语权，八是具有引领国际民航业发展的创新能力。

任务评价

请评价人员根据表 1-1 对上述任务实施情况进行评价。

表 1-1 任务实施评价表

评价标准	分值	自评	互评	师评
能够认真阅读以上内容并积极查找相关历史资料	30			
立意明确，能够深刻感悟时代力量，体会我国民航的迅猛发展	30			
能够树立远大目标，为新时代民航发展贡献力量	30			
逻辑清晰，语句通顺	10			
合计	100			
总评（自评×20%+互评×20%+师评×60%）				

任务二 认识航空公司

任务清单

请根据任务清单完成课前预习、课中学习和课后复习，完成后在对应的方框内打“√”。

课前预习	□	搜集航空公司相关资讯，了解航空公司前沿资讯
	□	登录感兴趣的航空公司的官网，了解其发展历史
课中学习	□	掌握国内主要航空公司的名称、简称、IATA代码、ICAO代码
	□	熟悉国内主要航空公司的总部、主运营基地，国际主要航空公司的名称、IATA代码
	□	了解国内航空公司的英文名称，国际主要航空公司所属国家、英文名称
课后复习	□	完成任务实施，加深对航空公司基本信息的印象，并根据任务内容进行知识拓展
	□	回顾本任务所学知识，总结知识重点、难点，建立知识脉络体系

任务导入

新冠肺炎疫情暴发以来，航空运输业受到较大冲击。为缓解疫情给航空运输业带来的压力，民航局和地方政府及时出台扶持政策，为航空公司减负并争取银行流动资金优惠贷款。同时，航空公司也全力增收节支、降本增效，积极自救、自立自强。随着中央、地方和企业的共同努力，中国成为全球恢复最快、运行最好的航空市场。在全球已有几十家外航停航或申请破产的情况下，我国航空公司没有出现大规模裁员和企业倒闭，经受住了严峻考验。

请思考

我国国内主要有哪些航空公司？中央、地方及航空公司为应对疫情给民航业带来的冲击，分别采取了哪些措施？

知识讲解

一、国内主要航空公司

（一）中国国际航空股份有限公司

简称：国航（见图 1-7）
英文名称：Air China
IATA 代码：CA
ICAO 代码：CCA
总部：北京
主运营基地：北京首都国际机场、成都双流国际机场

图 1-7　国航飞机

民航加油站

IATA 代码是国际航空运输协会为全球各航空公司设置的两个字母的代码。
ICAO 代码是国际民用航空组织为全球各航空公司设置的三个字母的代码。

民航小贴士

国航是中国唯一载国旗飞行的民用航空公司，承担中国国家领导人出国访问的专机任务，也承担许多国外元首和政府首脑在国内的专包机任务。

（二）中国南方航空股份有限公司

简称：南航（见图 1-8）

英文名称：China Southern Airlines

IATA 代码：CZ

ICAO 代码：CSN

总部：广州

主运营基地：广州白云国际机场、北京大兴国际机场

图 1-8　南航飞机

（三）中国东方航空股份有限公司

简称：东航（见图 1-9）

英文名称：China Eastern Airlines

IATA 代码：MU

ICAO 代码：CES

总部：上海

主运营基地：上海浦东国际机场、上海虹桥国际机场、北京大兴国际机场

图 1-9　东航飞机

（四）海南航空控股股份有限公司

简称：海航（见图 1-10）

英文名称：Hainan Airlines

IATA 代码：HU

ICAO 代码：CHH

总部：海口

主运营基地：海口美兰国际机场、北京首都国际机场

图 1-10　海航飞机

（五）深圳航空有限责任公司

简称：深航（见图 1-11）

英文名称：Shenzhen Airlines

IATA 代码：ZH

ICAO 代码：CSZ

总部：深圳

主运营基地：深圳宝安国际机场

图 1-11　深航飞机

（六）厦门航空有限公司

简称：厦门航空（见图 1-12）

英文名称：Xiamen Airlines

IATA 代码：MF

ICAO 代码：CXA

总部：厦门

主运营基地：厦门高崎国际机场、福州长乐国际机场、杭州萧山国际机场

图 1-12　厦门航空飞机

（七）四川航空股份有限公司

简称：川航（见图 1-13）

英文名称：Sichuan Airlines

IATA 代码：3U

ICAO 代码：CSC

总部：成都

主运营基地：成都双流国际机场

图 1-13　川航飞机

（八）山东航空股份有限公司

简称：山航（见图 1-14）

英文名称：Shandong Airlines

IATA 代码：SC

ICAO 代码：CDG

总部：济南

主运营基地：济南遥墙国际机场、青岛胶东国际机场

图 1-14　山航飞机

（九）上海航空股份有限公司

简称：上海航空（见图 1-15）

英文名称：Shanghai Airlines

IATA 代码：FM

ICAO 代码：CSH

总部：上海

主运营基地：上海浦东国际机场、上海虹桥国际机场

图 1-15　上海航空飞机

（十）春秋航空股份有限公司

简称：春秋航空（见图 1-16）

英文名称：Spring Airlines

IATA 代码：9C

ICAO 代码：CQH

总部：上海

主运营基地：上海虹桥国际机场、上海浦东国际机场

图 1-16　春秋航空飞机

（十一）上海吉祥航空股份有限公司

简称：吉祥航空（见图 1-17）

英文名称：Juneyao Airlines

IATA 代码：HO

ICAO 代码：DKH

总部：上海

主运营基地：上海虹桥国际机场、上海浦东国际机场

图 1-17　吉祥航空飞机

（十二）奥凯航空有限公司

简称：奥凯航空（见图 1-18）

英文名称：Okay Airways

IATA 代码：BK

ICAO 代码：OKA

总部：北京

主运营基地：天津滨海国际机场

图 1-18　奥凯航空飞机

（十三）北京首都航空有限公司

简称：首都航空（见图 1-19）

英文名称：Beijing Capital Airlines

IATA 代码：JD

ICAO 代码：DER

总部：北京

主运营基地：北京大兴国际机场

图 1-19　首都航空飞机

（十四）中国联合航空有限公司

简称：中国联航（见图 1-20）

英文名称：China United Airlines

IATA 代码：KN

ICAO 代码：CUA

总部：北京

主运营基地：北京大兴国际机场

图 1-20　中国联航飞机

（十五）河北航空有限公司

简称：河北航空（见图 1-21）

英文名称：Hebei Airlines

IATA 代码：NS

ICAO 代码：HBH

总部：石家庄

主运营基地：石家庄正定国际机场

图 1-21　河北航空飞机

（十六）天津航空有限责任公司

简称：天津航空（见图 1-22）

英文名称：Tianjin Airlines

IATA 代码：GS

ICAO 代码：GCR

总部：天津

主运营基地：天津滨海国际机场

图 1-22　天津航空飞机

（十七）华夏航空股份有限公司

简称：华夏航空（见图 1-23）

英文名称：China Express Airlines

IATA 代码：G5

ICAO 代码：HXA

总部：贵阳

主运营基地：重庆江北国际机场

图 1-23　华夏航空飞机

（十八）重庆航空有限责任公司

简称：重庆航空（见图 1-24）

英文名称：Chongqing Airlines

IATA 代码：OQ

ICAO 代码：CQN

总部：重庆

主运营基地：重庆江北国际机场

图 1-24　重庆航空飞机

（十九）西部航空有限责任公司

简称：西部航空（见图 1-25）

英文名称：West Air

IATA 代码：PN

ICAO 代码：CHB

总部：重庆

主运营基地：重庆江北国际机场、郑州新郑国际机场

图 1-25　西部航空飞机

（二十）成都航空有限公司

简称：成都航空（见图 1-26）

英文名称：Chengdu Airlines

IATA 代码：EU

ICAO 代码：UEA

总部：成都

主运营基地：成都双流国际机场

图 1-26　成都航空飞机

（二十一）昆明航空有限公司

简称：昆明航空（见图 1-27）

英文名称：Kunming Airlines

IATA 代码：KY

ICAO 代码：KNA

总部：昆明

主运营基地：昆明长水国际机场

图 1-27　昆明航空飞机

（二十二）云南祥鹏航空有限责任公司

简称：祥鹏航空（见图 1-28）

英文名称：Yunnan Lucky Air

IATA 代码：8L

ICAO 代码：LKE

总部：昆明

主运营基地：昆明长水国际机场

图 1-28　祥鹏航空飞机

（二十三）幸福航空有限责任公司

简称：幸福航空（见图 1-29）

英文名称：Joyair

IATA 代码：JR

ICAO 代码：JOY

总部：西安

主运营基地：西安咸阳国际机场

图 1-29　幸福航空飞机

（二十四）浙江长龙航空有限公司

简称：长龙航空（见图 1-30）
英文名称：Zhejiang Loong Airlines
IATA 代码：GJ
ICAO 代码：CDC
总部：杭州
主运营基地：杭州萧山国际机场

图 1-30　长龙航空飞机

（二十五）乌鲁木齐航空有限责任公司

简称：乌鲁木齐航空（见图 1-31）
英文名称：Urumqi Airlines
IATA 代码：UQ
ICAO 代码：CUH
总部：乌鲁木齐
主运营基地：乌鲁木齐地窝堡国际机场

图 1-31　乌鲁木齐航空飞机

（二十六）西藏航空有限公司

简称：西藏航空（见图 1-32）

英文名称：Tibet Airlines

IATA 代码：TV

ICAO 代码：TBA

总部：拉萨

主运营基地：拉萨贡嘎国际机场、成都双流国际机场

图 1-32　西藏航空飞机

（二十七）国泰航空有限公司

简称：国泰航空（见图 1-33）

英文名称：Cathay Pacific Airways

IATA 代码：CX

ICAO 代码：CPA

总部：香港

主运营基地：香港国际机场

图 1-33　国泰航空飞机

（二十八）香港航空有限公司

简称：香港航空（见图 1-34）

英文名称：HongKong Airlines

IATA 代码：HX

ICAO 代码：CRK

总部：香港

主运营基地：香港国际机场

图 1-34 香港航空飞机

（二十九）澳门航空股份有限公司

简称：澳门航空（见图 1-35）

英文名称：Air Macau

IATA 代码：NX

ICAO 代码：AMU

总部：澳门

主运营基地：澳门国际机场

图 1-35 澳门航空飞机

（三十）中华航空股份有限公司

简称：华航（见图 1-36）

英文名称：China Airlines

IATA 代码：CI

ICAO 代码：CAL

总部：台湾

主运营基地：台湾桃园国际机场

图 1-36　华航飞机

（三十一）长荣航空股份有限公司

简称：长荣航空（见图 1-37）

英文名称：EVA Airways

IATA 代码：BR

ICAO 代码：EVA

总部：台湾

主运营基地：台湾桃园国际机场

图 1-37　长荣航空飞机

民航互动营

以小组为单位，准备若干纸条，将不同航空公司的名称写在纸条上，小组成员依次抽签，并在30秒内说出抽到的航空公司的IATA代码、ICAO代码，回答错误或超时即被淘汰。比赛进行3轮，将最后胜出者评为“代码记忆大王”。

二、国际主要航空公司

国际主要航空公司如表1-2所示。

表1-2　国际主要航空公司

航空公司名称	所属国家	IATA代码	英文名称
爱琴海航空公司	希腊	A3	Aegean Airlines
加拿大航空公司	加拿大	AC	Air Canada
印度航空公司	印度	AI	Air India
新西兰航空公司	新西兰	NZ	Air New Zealand
全日空航空公司	日本	NH	All Nippon Airways
韩亚航空公司	韩国	OZ	Asiana Airlines
奥地利航空公司	奥地利	OS	Austrian Airlines
巴拿马航空公司	巴拿马	CM	Copa Airlines
埃及航空公司	埃及	MS	Egypt Air
埃塞俄比亚航空公司	埃塞俄比亚	ET	Ethiopian Airlines
波兰航空公司	波兰	LO	LOT Polish Airlines
德国汉莎航空公司	德国	LH	Deutsche Lufthansa
北欧航空公司	瑞典、丹麦、挪威	SK	Scandinavian Airlines（SAS）
新加坡航空公司	新加坡	SQ	Singapore Airlines
瑞士国际航空公司	瑞士	LX	Swiss International Airlines
葡萄牙航空公司	葡萄牙	TP	TPA Air Portugal
泰国国际航空公司	泰国	TG	Thai Airways International
土耳其航空公司	土耳其	TK	Turkish Airlines
美国联合航空公司	美国	UA	United Airlines
阿拉斯加航空公司	美国	AS	Alaska Airlines
美国航空公司	美国	AA	American Airlines

表 1-2（续）

航空公司名称	所属国家	IATA 代码	英文名称
英国航空公司	英国	BA	British Airways
芬兰航空公司	芬兰	AY	Finn Air
西班牙国家航空公司	西班牙	IB	Iberia Airlines of Spain
日本航空公司	日本	JL	Japan Airlines
马来西亚航空公司	马来西亚	MH	Malaysia Airlines
澳洲航空公司	澳大利亚	QF	Qantas Airways
卡塔尔航空公司	卡塔尔	QR	Qatar Airways
摩洛哥皇家航空公司	摩洛哥	AT	Royal Air Maroc
约旦皇家航空公司	约旦	RJ	Royal Jordanian Airlines
西伯利亚航空公司	俄罗斯	S7	Siberia Airlines
斯里兰卡航空公司	斯里兰卡	UL	SriLankan Airlines
俄罗斯航空公司	俄罗斯	SU	Aeroflot-Russian Airlines
阿根廷航空公司	阿根廷	AR	Aerolineas Argentinas
西班牙欧罗巴航空公司	西班牙	UX	Air Europa
法国航空公司	法国	AF	Air France
达美航空公司	美国	DL	Delta Airlines
印度尼西亚鹰航空公司	印度尼西亚	GA	Garuda Indonesia
肯尼亚航空公司	肯尼亚	KQ	Kenya Airways
荷兰皇家航空公司	荷兰	KL	KLM Royal Dutch Airlines
大韩航空公司	韩国	KE	Korean Air
中东航空公司	黎巴嫩	ME	Middle East Airlines
沙特阿拉伯航空公司	沙特阿拉伯	SV	Saudi Arabian Airlines
越南航空公司	越南	VN	Vietnam Airlines
巴基斯坦国际航空公司	巴基斯坦	PK	Pakistan International Airlines
维珍大西洋航空公司	英国	VS	Virgin Atlantic Airways
阿联酋航空公司	阿拉伯联合酋长国	EK	Emirates Airlines

任务实施

制作航空公司海报

请以小组为单位，结合所学知识并收集相关资料，设计一份航空公司海报。要求：

（1）各小组结合自己的兴趣选择一家航空公司，以图文结合的方式进行海报设计。

（2）海报内容需包括：① 航空公司的全称、简称、英文名称；② 航空公司的 IATA 代码、ICAO 代码；③ 航空公司的总部和主运营基地；④ 航空公司的标志；⑤ 航空公司的发展历史。

任务评价

请评价人员根据表 1-3 对上述任务实施情况进行评价。

表 1-3　任务实施评价表

评价标准	分值	自评	互评	师评
能按要求在海报中正确体现航空公司的各类信息	30			
海报内容翔实、言语清晰、逻辑清楚	30			
海报制作精美，图片清晰，构图美观	20			
小组分工明确，团队协作良好	20			
合计	100			
总评（自评×20%+互评×20%+师评×60%）				

任务三　熟悉机场环境

任务清单

请根据任务清单完成课前预习、课中学习和课后复习，完成后在对应的方框内打“√”。

课前预习	□	关注机场资讯，了解机场前沿信息
	□	查找机场建设信息，感受国家力量，增强民族自豪感
课中学习	□	掌握飞行区的组成、登机坪的分类
	□	熟悉飞行区分级标准、候机楼的分区
	□	了解地面运输区
课后复习	□	完成任务实施，深入了解机场结构
	□	回顾本任务所学知识，总结知识重点、难点，建立知识脉络体系

任务导入

随着中非共建“一带一路”不断走深走实，近年来中国企业承建了非洲多国机场和航站楼。

2020 年 8 月，由中国交建承建的埃塞俄比亚博莱国际机场新航站楼项目建成。新航站楼设有 60 个登机柜台、30 个自助登机柜台、10 个自助行李寄存处、16 个入境柜台以及中央安全检查区等设施，还重点加强了生物安全识别措施，为旅客提供更多快捷方便和无接触式的安全服务。

2021 年 8 月，由中国江西国际经济技术合作有限公司承建的位于赞比亚首都卢萨卡的肯尼思 • 卡翁达国际机场新航站楼建成。新航站楼总建筑面积约 3.5 万平方米，是老航站楼的 7 倍，有望使卢萨卡成为东非地区航空枢纽。

请思考

机场由哪些部分组成？中非双方为深化航空合作还开展了哪些项目活动？

知识讲解

民用机场是指专供民用航空器起飞、降落、滑行、停放以及进行其他活动使用的划定区域，包括附属的建筑物、装置和设备，以及旅客使用的航站楼等有关设施。按照功能不同，机场主要可划分为飞行区、地面运输区和航站区三部分。其中，飞行区是飞机活动的区域；地面运输区是车辆和旅客活动的区域；航站区是地面交通和空中交通的结合部，是机场为旅客提供服务的场所。

一、飞行区

飞行区是指供飞机起飞、着陆滑行和停放使用的场地，主要包括跑道、滑行道和机坪。

（一）跑道

跑道（见图 1-38）是指机场内供飞机起飞和着陆使用的特定长方形场地。

扫一扫

机场跑道

1．跑道上的标志

跑道上标有跑道端线、跑道中线、跑道编号等。其中，跑道端线指示跑道入口；跑道中线是一条贯穿整条跑道中心的断续线，飞机起飞和降落时要时刻将机头对正这条线，以免机轮越出跑道；跑道编号是为了使驾驶员能准确辨认跑道而置，相当于跑道的名字，如图 1-38 所示。

图 1-38　跑道上的标志

民航智慧园

跑道编号编制原则

跑道编号是依据跑道的方向确定的，这里的方向是指驾驶员看过去的方向，也就是驾驶员驾机起飞或降落时前进的方向。为便于划分，以正北方向为 0°，正东方向为 90°，正南方向为 180°，正西方向为 270°，再回到正北方向为 360°。

为了简明易记，跑道编号只用方向度数的百位数和十位数，个位数按四舍五入进到十位数，如果没有百位数，就将编号第一位记为“0”。例如，指向为西北 284° 的跑道的编号是 28，指向为西北 285° 的跑道的编号是 29，指向为西北 50° 的跑道的编号是 05。

同一条跑道，因为有两个朝向，所以需要规定两个编号来区分不同的进场方向，又因跑道两端的方向相差 180°，所以跑道编号相差 18。例如，一条正北正南方向的跑道，从它的北端向南看，它的编号是 18；从南端向北看，它的编号就是 36。

如果某机场有同方向的几条平行跑道，就再分别冠以 L（左）、C（中）、R（右）等英文字母以示区别。跑道号码中的字母排列宜采用下列顺序（从进近方向看去，从左至右）：① 两条平行跑道用“L”“R”；② 三条平行跑道用“L”“C”“R”；③ 四条平行跑道用“L”“R”“L”“R”；④ 五条平行跑道用“L”“C”“R”“L”“R”或“L”“R”“L”“C”“R”；⑤ 六条平行跑道用“L”“C”“R”“L”“C”“R”。

2. 根据跑道情况对机场进行分级的方法

跑道的性能及相应的设施情况决定了什么等级的飞机可以使用这个机场，机场的这一分类标准，称为飞行区等级。

ICAO 规定，飞行区等级由第一要素代码（即根据飞机基准飞行场地长度而确定的代码，等级指标Ⅰ）和第二要素代字（即根据飞机翼展和主起落架外轮外侧间距而确定的代字，等级指标Ⅱ）的基准代号划分。

飞行区等级指标Ⅰ：根据使用该飞行区的最大飞机的基准飞行场地长度，分为 1，2，3，4 四个等级。

飞行区等级指标Ⅱ：根据使用该飞行区的最大飞机的翼展和主起落架外轮外侧间的距离，从小到大分为 A、B、C、D、E、F 六个等级，如表 1-4 所示。

表 1-4　飞行区等级划分

飞行区等级指标Ⅰ		飞行区等级指标Ⅱ		
代码	飞机基准飞行场地长度/米	代字	翼展/米	主起落架外轮外侧间距/米
1	＜800	A	＜15	＜4.5
2	800～1 200（不含）	B	15～24（不含）	4.5～6（不含）
3	1 200～1 800（不含）	C	24～36（不含）	6～9（不含）
4	≥1 800	D	36～52（不含）	9～14（不含）
		E	52～65（不含）	9～14（不含）
		F	65～80（不含）	14～16（不含）

注：（1）飞机基准飞行场地长度是指飞机以规定的最大起飞重量，在海平面高度、标准大气条件、无风和跑道纵坡为 0 的条件下起飞所需的最小场地长度。

（2）指标Ⅱ应选用翼展和主起落架外轮外侧间距中要求高的代字。

民航互动营

谈一谈：我国有哪些机场的等级为 4F 级？

强国崛起

国际化大都市的标配，中国两座城市拥有

4F 级机场作为目前世界上等级最高的机场，不仅代表着一个国家的基建能力，同时也可反映出一个国家的经济发展水平。世界上许多国际化大都市，如东京、莫斯科、伦敦、纽约等，都拥有两座 4F 级机场，每年的旅客吞吐量均超过数千万人次，甚至可以达到上亿人次。双 4F 级机场似乎已经成为国际化大都市的标配。

扫一扫

北京大兴国际机场

中国民用航空事业起步较晚，虽然从民用机场的整体规模（运输机场与通航机场）

来看，中国的机场规模还和西方国家存在一定差距，但在 4F 级机场方面，中国又一次向世界展示了“中国速度”。

全球化与世界级城市研究小组与网络（GaWC）的世界城市名册是全球关于世界一、二、三、四线城市体系的权威排名之一。在 2020 年公布的排名中，北京位列 Alpha+ 级别（即世界一线较强城市），成都位列 Beta+级别（即世界二线较强城市）。而这两座城市名次的提升离不开新建的北京大兴国际机场（简称“大兴机场”）和成都天府国际机场（简称“天府机场”）这两座 4F 级机场。GaWC 对城市进行排名时的一个主要依据就是这个城市是否拥有重要的国际机场来作为国际航线的中心。

大兴机场坐落于北京京南地区与河北廊坊广阳区相连区域，从更大范围看，这座机场位于京津冀区域的中心，同时位于河北雄安新区和北京城市副中心连接线的中心。因此，大兴机场将成为京津冀协同发展和对外开放的全新平台，成为统筹用好国际国内两个市场、两种资源的重要载体。在大兴机场的辐射带动下，大兴机场临空经济区定位为国际交往中心功能承载区、国家航空科技创新引领区、京津冀协同发展示范区。

随着“一带一路”建设构建起的陆海内外联动、东西双向互济全面开放新格局，成都由内陆腹地跃升为开放前沿。作为距离欧洲最近的国家中心城市，天府机场被设计成具有 6 条跑道和预计年接待 9 000 万人次的规模，填补了成都在民航运输方面的短板。天府机场的成功通航，让西部地区有了与北京、上海、广州遥相呼应的航空枢纽，并将推动成都成为中国泛欧泛亚的西部国际门户。

随着北京大兴国际机场和成都天府国际机场相继投入使用，目前我国已有北京、成都两个拥有双 4F 级机场的国际化大都市。这一切成就都是在短短的 30 余年的时间内取得的，不得不让人感叹“大国崛起”的“中国速度”。作为一个民航人，更应该从民航业这飞一般的发展速度中感悟“中国速度”，并坚定为实现“大国崛起”贡献自己力量的决心！

（二）滑行道

滑行道是指机场设置供飞机滑行，并将机场的一部分与其他部分之间连接的规定通道，主要包括进口滑行道、出口滑行道、平行滑行道、联络滑行道等，如图 1-39 所示。

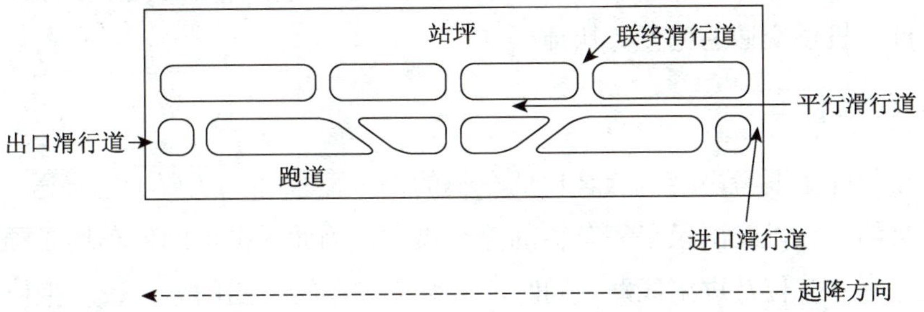

图 1-39 滑行道示意图

其中，进口滑行道是供飞机进入跑道起飞用的短支滑行道；出口滑行道是供飞机降落后脱离跑道用的短支滑行道；平行滑行道是紧邻跑道平行布置的主干滑行道，供飞机通往跑道两端用；联络滑行道是从站坪直通跑道的短滑行道。

（三）机坪

机坪是机场内供飞机上下旅客、装卸货物或邮件、加油、停放或维修使用的特定场地，如图 1-40 所示。

图 1-40　飞机停靠机坪，等待旅客登机

二、地面运输区

空中交通与地面交通在机场交汇。一座大型机场，每年旅客进出人次可达千万以上，因此机场的地面交通非常重要。机场的地面运输区可分为机场进出通道、机场停车场和内部道路。

（一）机场进出通道

机场进出通道是指连接市区和机场的道路系统。为便于旅客进出机场，许多城市都修建有市区通往机场的高速公路，连接着机场与市区的主要交通道路，旅客可乘坐机场巴士、出租车或私家车来往于机场。此外，一些城市还开设有到达机场的城市铁路或地铁。多种交通形式保证了机场交通的方便、快捷。

（二）机场停车场

机场停车场除了要考虑乘机旅客自驾车辆的停车需求外，还要考虑接送旅客的车辆、机场工作人员的车辆以及出租车等车辆的停车需求，因此，机场的停车场必须留有足够大的空间并规划好停车位及进出线路。同时，机场会按车辆使用的急需程度把停车场划分为不同的区域。一般来说，离航站楼最近的是出租车和接送旅客车辆的停车区，以减少旅客步行的距离；机场或航空公司职工的车辆则被安排到离航站楼较远的位置，有条件的机场会设置职工专用停车场。

（三）机场内部道路

机场内部道路主要是指航站楼前的机场道路，这里多是各种因接送旅客行驶或停留的车辆，很容易出现混乱或事故，尤其在机场航班高峰时间段。因此，对机场内部道路进行合理、有效的管理，是促使道路顺畅、保证机场有序运行的重中之重。

三、航站区

航站区是指机场内航站楼及其配套的站坪、交通、服务等设施所在的区域，具体包括航站楼、站坪、交通设施、附属服务设施等。本任务只对航站区最重要的部分——航站楼，进行讲解。

（一）航站楼的平面构型

根据登机口布置方式，航站楼的平面构型主要包括前列式、指廊式、卫星式和综合式。

1. 前列式航站楼

前列式航站楼的登机口和机位沿着航站楼的前沿布置，如图 1-41 所示。

图 1-41　前列式航站楼

2. 指廊式航站楼

指廊式航站楼的主楼会朝机坪方向伸出一条或几条廊道，廊道的两侧布置机位，每一个机位设一个登机口，如图 1-42 所示。

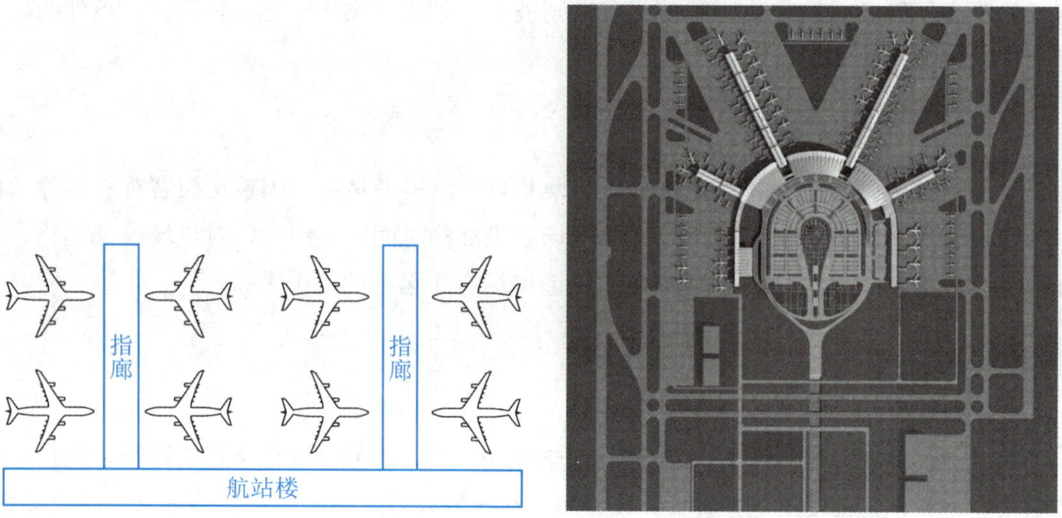

图 1-42　指廊式航站楼

3．卫星式航站楼

卫星式航站楼的主楼之外会建一些登机厅，以廊道或摆渡车相连，登机厅周围布置机位，并设相应的登机口，如图 1-43 所示。

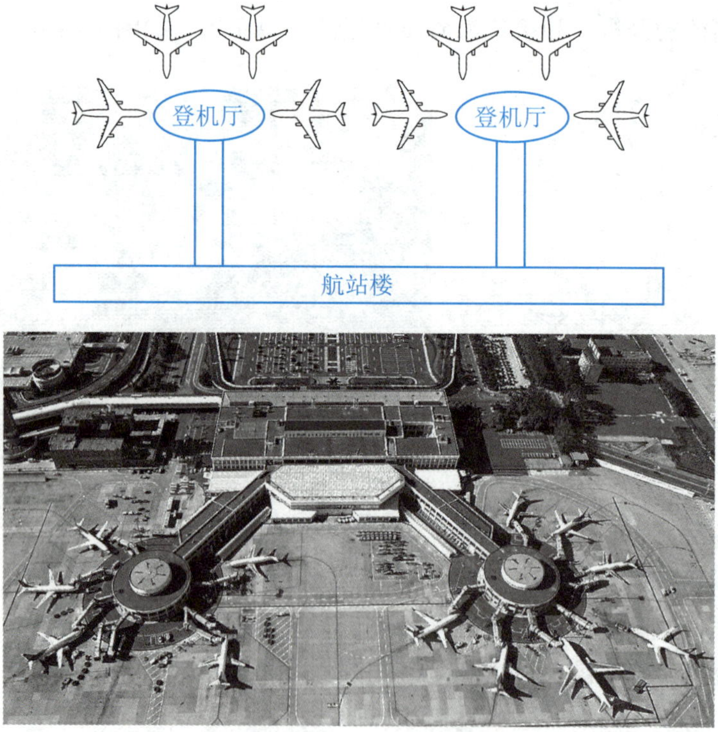

图 1-43　卫星式航站楼

4. 综合式航站楼

综合式航站楼是采用上述三种或两种形式而建造的航站楼。图 1-44 所示的航站楼就采用了前列式和指廊式两种形式。

图 1-44　综合式航站楼

（二）航站楼内功能分区

航站楼大致可分为旅客服务区和管理服务区两大部分。其中，旅客服务区包括旅客值机、行李托运及提取、安检、边检（国内专用航站楼不设）、海关检查（国内专用航站楼不设）、候机、到达等区域，管理服务区包括机场行政后勤管理部门、政府机构办公区以及航空公司运营区等区域，如图 1-45 所示。

航站楼是重要地标建筑，是一个城市或一个国家的门户，因此在建设时往往会兼顾功能性、实用性、文化特色及区域特征，此外还会加入某些前沿科学技术，以此向外展现一个城市或国家的文化、气度和现代化水平。

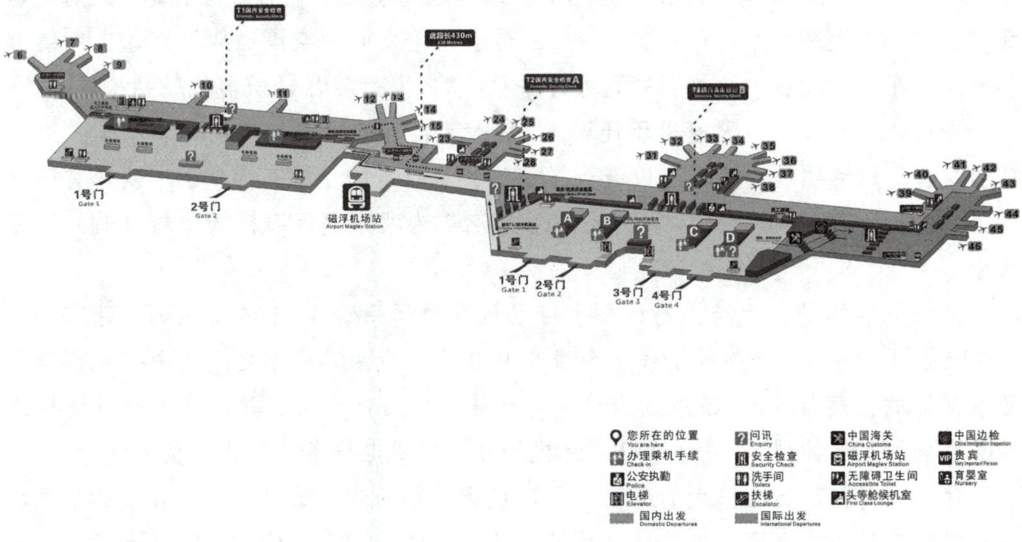

图 1-45　某航站楼内功能分区示意图

科技助推民航

成都天府国际机场投运首日：智慧机场提供便捷服务

2021 年 6 月 27 日上午 11 时 24 分，随着西南空管局发布起飞许可，从天府机场去往北京首都国际机场（简称“首都机场”）的首架航班川航 3U8001 腾空而起。我国“十三五”期间规划建设的最大民用运输枢纽机场——成都天府国际机场正式启用。

为提高管理运行品质，天府机场融合智慧理念，“紧跟行业新趋势，加强毫米波安检门等行业新技术应用，以 5G、物联网、大数据、可视化、智能分析、智能神经网络等新技术、新应用作为支撑，加大数据融合与共享，为强化协同、高效、智能的生产运行打下基础”。四川省机场集团有限公司副总经理、成都天府国际机场分公司总经理张洪刚表示。

当日的 T2 航站楼出发大厅涌入大批前来参观、打卡的成都市民，不少人被专门设置在大厅内的智能问询机器人所吸引。这款机器人通体白色，在大厅内灵活游走，其高度约为一名一年级小学生的身高。据了解，这款机器人可以与旅客语音对话，帮助解决旅途中的小问题，例如，当被问及“如何乘坐出租车”时，这款机器人头部显示器可清晰显示出推荐的乘车地点，十分便捷。

在天府机场航站楼内，大量自助值机设备整齐排列，旅客可在天府机场任意一个自助值机设备上通办除春秋航空外的其他所有航空公司的值机手续。如果有托运行李，只需在所乘航司的自助托运设备上进行简单操作，就能轻松办理托运。天府机场还在交通中心换乘大厅，1 号航站楼、2 号航站楼之间的空港酒店设置了自助值机和自助行李托运设备，让旅客就近办理手续，“卸下行装”轻松前往航站楼候机。

在行李托运方面，天府机场还引入 AGV（自动导引搬运车）行李小车。透过值机柜台后的透明玻璃墙，可以看到多架运载着行李的 AGV 行李小车快速有序移动。“这一智能化的行李托运系统很有科技感。”专程来到天府机场体验首航的旅客表示。

值得一提的是，天府机场还拥有自动旅客捷运系统（APM），用于连接 1 号、2 号航站楼。该系统全为地下线，全线长 920 米，为两航站楼之间的中转旅客提供免费便捷的摆渡服务，“该系统的最大特点是全自动化无人驾驶，是天府机场打造智慧机场的重要体现。”成都天府国际机场分公司机电设备部工作人员表示。

伟大的时代，诞生伟大的工程。天府机场工程的背后是经济社会发展的速度，是科学技术进步的高度，更是关乎百姓生活的温度。天府机场是国家“十三五”规划中我国最大的新建民用运输机场项目；是“一带一路”重要国际门户枢纽、支撑四川乃至西部地区开发开放的新动力源。此后，成都成为继上海、北京后我国第三个拥有两座国际机场的城市。

民航互动营

你听说过或见过航站楼内的哪些高新科技？

任务实施

书写机场调查报告

北京大兴国际机场和成都天府国际机场是2019年至2021年间被社会各界广泛讨论的机场，请结合所学知识，并搜集这两个机场的相关资料，写一份机场调查报告。要求：

（1）选择一个机场进行系统介绍即可。

（2）报告内容需包括：① 机场跑道和滑行道情况；② 航站楼的外观及内部环境（可从象征意义、高科技运用等方面入手）；③ 地面交通情况；④ 机场的等级、规模以及其对我国和本地区的重大意义。

任务评价

请评价人员根据表1-5对上述任务实施情况进行评价。

表1-5 任务实施评价表

评价标准	分值	自评	互评	师评
能够运用所学知识对机场进行正确的区域划分	30			
资料收集丰富，且能正确分类、分析和选取运用	20			
报告内容翔实，符合要求	30			
报告条理清晰，逻辑清楚	10			
能从机场建设中感悟国家力量，树立民族自豪感	10			
合计	100			
总评（自评×20%+互评×20%+师评×60%）				

任务四 熟悉民航运输基础术语

任务清单

请根据任务清单完成课前预习、课中学习和课后复习，完成后在对应的方框内打“√”。

课前预习	□	登录航空公司官网或航线图相关网站，查看各航空公司航线图
	□	登录机场、航空公司或机票售票平台官网，查询任意两城市间航班信息，查看航班信息都包括哪些内容
课中学习	□	掌握航线的分类、航班的分类、航班时刻表的组成
	□	熟悉航段的概念、航班号的编排方法
	□	了解航班时刻表的编制依据
课后复习	□	完成任务实施，深化对课上所学知识的理解，并通过查阅我国对红眼航班出台的相关政策，感悟国家对飞行安全的重视
	□	登录相关网站查询你最想去的城市的航线、航班信息
	□	回顾本任务所学知识，总结知识重点、难点，建立知识脉络体系

任务导入

2021 年是中国共产党成立 100 周年，为推动红色旅游事业稳步发展，天津航空在夏秋换季来临之际新开延安—天津、西安—武隆—南昌等航线，继续执行西安—遵义—厦门、西安—百色—海口、西安—赣州—珠海等多条红色旅游航线，提升红色旅游地区的通达性，为旅客红色旅游线路需求提供更多出行选择。

2021 年 6 月 23 日，在青岛航空党委的领导下，服务体系党总支党员先锋组于青岛—赣州 QW9851 次航班上举行了“红动青航，献礼百年华诞”为主题的机上特别活动。党员先锋组的乘务员和旅客在万米高空上重温党百年来的峥嵘岁月，共同回顾中国共产党的光辉历程。

请思考

1. 航线是什么？可分为哪几类？你还听说过哪些红色旅游航线？
2. 航班是什么？航班号是如何编排的？

知识讲解

一、航线

从事民航运输，必须按照规定的路线进行，这种路线叫作航空交通线，简称“航线”。飞机的航线不仅确定了飞机飞行的具体方向、起讫点与经停点，还根据空中交通管制的需要，规定了飞行的宽度和高度，以维护空中交通秩序，保证飞行安全。

扫一扫

航线

按照飞机飞行的起、讫点，航线一般可分为国际航线、国内航线和地区航线三大类。

（一）国际航线

国际航线是指在飞机飞行的始发地点、约定的经停地点和目的地点中，至少有一个在境外的航线，如上海—东京航线、昆明—济南—大阪航线、北京－东京－洛杉矶航线等。

（二）国内航线

国内航线是指飞机仅在一国国境内飞行的航空路线，可分为干线航线、支线航线和地方航线三类。

1. 干线航线

干线航线是指连接国内交通中心的航线，如北京—广州航线、上海—深圳航线等。

2. 支线航线

支线航线是指把各个中小城市和干线上的交通中心联系起来的航线，如成都—九寨沟航线、昆明—丽江航线等。支线上的客流密度远小于干线，因此支线上使用的客机大都是中小型飞机。

3. 地方航线

地方航线是指把中小城市连接起来的航线。地方航线的客流量较小，以前也被称为省内航线。

（三）地区航线

地区航线是指在一国之内，连接普通地区和特殊地区的航线，如中国内地与港、澳、台地区之间的航线。

薪火相传

民航局发布百条红色旅游精品航线，促进红色旅游高质量发展

2021 年 6 月 17 日，为庆祝中国共产党成立 100 周年，进一步落实民航局、文旅部共同发布的《关于促进民航业与红色旅游深度融合创新发展的指导意见》，中国民航局发布“建党百年百条红色旅游精品航线”，以加大对红色旅游航线的政策支持力度，充分发挥民航业在促进红色旅游高质量发展、巩固拓展脱贫攻坚成果和支持革命老区振兴发展中的重要作用。

据民航局相关负责人表示，此次发布的“建党百年百条红色旅游精品航线”主要具备红色属性突出、覆盖面广、带动性强 3 个特点。航线的遴选标准坚持社会效益优先，遴选范围既涉及国家已出台规划的赣南原中央苏区、陕甘宁革命老区、左右江革命老区等机场的航线，还包括井冈山、遵义、石家庄、临沂等重点红色旅游城市的航线，以及民航局对口支援和定点帮扶的江西赣州、新疆于田地区航线，覆盖面更为广泛。同时，为更好地发挥民航业和红色旅游对地方经济社会发展的带动作用，吸引更多的旅客参与到红色旅游中来，入选航线均为“每周不少于 7 个航班”、至少一端连接重点城市的精品航线。

据了解，民航局要求各单位要坚持社会效益和经济效益相统一的原则，确保红色旅游精品航线开得通、留得住。要结合实际创新性地开展民航红色旅游工作，在政策、资源、保障等方面对红色旅游精品航线予以支持。

2021 年 6 月 24 日，民航局副局长董志毅在中国民航红色旅游发展论坛上指出，民航局作为全国红色旅游协调小组成员单位，积极引导全行业支持和参与红色旅游工作，使民航在红色旅游发展中的作用日渐凸显，并且不断呈现出民航业与红色旅游融合创新、协同发展的新趋势。

董志毅表示，民航业要真抓实干、开拓创新，努力创造民航业与红色旅游深度融合创新发展的新局面，做红色旅游的推动者、红色文化的弘扬者、红色基因的传承者、红色事业的实干者。

民航互动营

谈一谈：开辟航线对地区发展有何意义？

二、航段

航段是指在一条航线上，飞机从起飞到下一个着陆点之间的航程。一般来说，直达航线只有一个航段，如北京—上海航线；而非直达航段则有两个或两个以上航段，如沈阳—北京—上海航线，就是由沈阳—北京和北京—上海两个航段组成的。此外，一个航段两端都在国内的称为国内航段，有一端或两端在国外的称为国际航段。

不同航段因其所处的地理位置和经济环境不同，空运业务量的大小也不相同。通过统计每个航段上空运业务量的大小和运输能力的利用情况，可以准确地反映航空运输生产状况，为规划航线、安排航班、调配运力提供依据。

三、航班

按照民航局和民航地区管理局批准的民航运输飞行班期时刻表（详见“航班时刻表”处的相关内容），使用指定的航空器，沿规定的航线，在指定的起、讫、经停点停靠的客货邮运输飞行服务，称为航班。

扫一扫

航班和航班号的编排

（一）航班的分类

1．国际航班、国内航班和地区航班

按照航线的不同，航班可以分为国际航班、国内航班和地区航班。国际航班是指在国际航线上飞行的航班，如广州—东京（日本）CZ810 航班；国内航班是指在国内航线上飞行的航班，如北京—上海 CZ8887 航班；地区航班是指在地区航线上飞行的航班，如北京—香港 CX335 航班。

2．去程航班和回程航班

按照运输飞行去向的不同，航班可分为去程航班和回程航班。去程航班是指从航空公司机队所在基地出发的飞行航班，回程航班是指返回机队所在基地的飞行航班。

3．定期航班和不定期航班

按照民航运输飞行的时间规律，航班可分为定期航班和不定期航班。定期航班是指按照向社会公布的航班时刻表，按照规定的航线、机型、日期和时刻运营的航班，也称为班期航班，这是民航运输的基本形式。不定期航班是指航空公司根据运输需要提供的非规则性飞行服务，如包机运输飞行。这类航班没有固定的航班飞行时刻表和飞行航线，通常根据运输需要和合同要求安排机型、飞行时刻、飞行航线和运价。

4．直达航班和转机航班

按照航班的数目，航班可分为直达航班和转机航班。直达航班是指始发地点至目的地

点只有一个航班号且不转换飞机的航班，有些直达航班在途中会设有 1～2 个经停点；转机航班是指始发地点至目的地点由两个及两个以上航班组成的航班。

民航加油站

经停是指旅客在航程中的某点暂时中断航程，停留一段时间后，搭乘同一航班离开前往下一地点。这个暂停的地点就是经停点。在经停点下机的旅客只需要重新登机，不需要重新值机、安检。经停一般不换飞机，航班号也不变，旅客只需要办理一张登机牌，交运的行李也不必在经停点提取。例如，旅客乘坐厦门航空 MF8845 航班从沈阳飞往三亚，中途经停福州 1 小时 25 分钟后，继续乘坐 MF8845 航班前往三亚，福州为该航班的经停点。经停的目的是加注航油、配餐食、再次上旅客和货物等。

转机是指旅客从始发地到目的地的过程中需要在途中降落到一个机场，之后搭乘另一个航班继续前往目的地。这个中途降落的地点即为转机点。转机的旅客需经过转机通道重新办理下段航班的登机牌及托运行李。转机一般需要换飞机、换航班号。例如，旅客准备从沈阳前往三亚，首先乘坐国航 CA4186 航班从沈阳飞往成都，后转乘国航 CA4375 航班从成都飞往目的地三亚，成都即为该旅客的转机点。

（二）航班号的编排

为了便于区别和业务处理，民航运输按照一定的办法，给各个航班以不同的号码，并加上航空公司的代码组成航班号。我国国内航班号由执行航班任务的航空公司 IATA 代码和四位阿拉伯数字组成，国际航班号由执行航班任务的航空公司 IATA 代码和三位阿拉伯数字组成。其中，最后一位数字为奇数表示去程航班，为偶数表示回程航班。例如，北京—成都 CA4106 航班，表示由国航承运的北京至成都的回程航班；北京—首尔（韩国）CA123 航班，表示由国航承运的北京至韩国首尔的去程航班。

（三）航班时刻表

1．航班时刻表的组成

各航空公司将航线、航班及其班期和时刻等按一定的规律汇编成册，即形成航班时刻表。航班时刻表的内容包括航班号、始发地、到达地、起飞时间、到达时间、机型、经停、班期等，如表 1-6 所示。

表 1-6 沈阳—三亚部分航班时刻表

航班号	始发地	到达地	起飞时间	到达时间	机型	经停	班期
MF8845	沈阳仙桃国际机场	三亚凤凰国际机场	06：50	14：40	738	福州	1234567
CZ6483	沈阳仙桃国际机场	三亚凤凰国际机场	07：50	14：35	JET	宁波	1234567
EU2713	沈阳仙桃国际机场	三亚凤凰国际机场	09：00	15：45	320	合肥	1234567
3U4029	沈阳仙桃国际机场	三亚凤凰国际机场	10：05	17：00	32F	—	14567
CZ5511	沈阳仙桃国际机场	三亚凤凰国际机场	13：05	18：10	320	—	1234567
CZ6762	沈阳仙桃国际机场	三亚凤凰国际机场	15：15	20：10	JET	—	4567
HU7668	沈阳仙桃国际机场	三亚凤凰国际机场	16：05	22：55	738	武汉	57
3U8564	沈阳仙桃国际机场	三亚凤凰国际机场	17：45	00：35	320	太原	1234567

机型：即飞机型号。美国波音公司和欧洲空客公司是世界上两家最大的飞机制造商。波音公司的民用飞机型号包括 737（中型）、747（大型）、767（中型）、777（大型）和 787（中型）等，空客公司的民用飞机型号包括 320（中型）、330（大型）和 380（大型）等。上表中的“738”指波音 737-800 型飞机；“32F”是按航空公司的要求进行座位布局的空客 320 机型；“JET”表示使用喷气式飞机，机型未定。

班期：是指航班每周的执行情况，如上表中的“1234567”指每天都有航班，“57”指周五、周日有航班。

2．航班时刻表编制依据

航班时刻表的编制受很多因素的影响，其中最主要的有以下几项：

（1）民航运力

航班时刻表制定的基础是运力，即航空公司的飞机数量及运行状况，只有在掌握了飞机数量、飞机的增减计划及运行情况的基础上，才能制定出合理的航班时刻表。

（2）市场调查

市场调查结果是航班时刻表制定的重要依据。先根据市场调查结果对航班进行期（半年或两年）内的市场做出预测，再根据预测和以往的实践经验制定出的时刻表才会切合实际情况。

（3）航线关系

航班时刻表是一个航空公司整体的行动计划，因此必须从整个航线网来考虑航班的安排。例如，在制定航班时刻表时需要考虑国内航线之间的衔接、国内和国际航线的衔接，以及和地面、水路交通的衔接，这样才能充分发挥整个航线的效益。

（4）时间因素

航空运输对时间极为敏感，因此在班期和航班时刻的安排上要尽力做到与旅客的需求相适应。但由于航线上其他航空公司的竞争和机场容量的限制，在安排时不可能把所有的航班都安排在最佳时间，因此必须做到综合考虑。

民航小贴士

根据飞行季节的不同和客流流量、流向的规律，国内的航空公司每年编制两期航班计划，一期是夏秋航班计划，自 3 月底至 10 月下旬执行；另一期是冬春航班计划，自 11 月初至来年 3 月下旬执行。

（5）部门协调

航班的运行涉及飞行、维修和供应等多个部门，因此制定航班时刻表时需要有这些部门的参与，从而保证各个部门之间的工作周期和能力的协调。

（6）预留计划

在航班的运行过程中，不可避免地会出现一些与原计划不符的情况，如旅客需要的变化、气候条件的影响等。因此，在制定航班时刻表时，应尽可能考虑到这些变化因素，并留有一定的备用运力，从而保证航班计划执行的灵活性。

任务实施

书写分析报告

请认真阅读下面的文章，结合所学知识并查阅相关资料，自选题目，写一篇分析报告。要求：

（1）分析红眼航班在航线、班期、时刻等方面的特点。

（2）分析红眼航班的利弊。

（3）总结分析国家对红眼航班的态度。

红眼航班

红眼航班又称跨零点航班，通常指航空公司在夜间开通的航班，由于此类航班的旅客夜间乘机睡眠不足，下飞机时大多睡眼惺忪、眼睛红肿，因此而得名。红眼航班最早出现于美国，当时美国各航空公司之间竞争非常激烈，各航空公司为了适应激烈的市场竞争和降低经营成本，纷纷在夜间开通各种航班。这种夜间航班票价相较于白天更加低廉，可吸引到对价格敏感的顾客及旅游团体。此外，由于美国东西海岸有 3 个小时的时差，红眼航班因不影响工作效率也成为商务人士的上选。

红眼航班在我国的逐渐流行，既有国情因素，也有民航市场化因素。每年旅游高峰期和春运时期，各航空公司都会增加夜间航班班次，以满足市场需求。但红眼航班深夜运行，空中指挥人员、地勤人员、飞行员的工作状态稍差，因此存在一定的安全隐患，民航局曾多次采取措施控制红眼航班，目的是保证民航飞行安全，保证人民生命财产安全。

任务评价

请评价人员根据表 1-7 对上述任务实施情况进行评价。

表 1-7　任务实施评价表

评价标准	分值	自评	互评	师评
对航线、航班等概念有正确的认识	20			
能够正确分析红眼航班航线、班期、时刻等方面的特点	20			
能够分析出红眼航班的利弊	20			
能够认识到国家对安全飞行的重视	20			
观点表达明确，条理清晰，语句通顺	20			
合计	100			
总评（自评×20%+互评×20%+师评×60%）				

任务五　掌握旅客乘机流程

任务清单

请根据任务清单完成课前预习、课中学习和课后复习，完成后在对应的方框内打“√”。

课前预习	□	查找旅客乘机相关视频，初步了解乘机流程
	□	查询全国各大机场旅客流量信息
课中学习	□	掌握旅客乘机流程
	□	明确值机员和安检人员的岗位职责
课后复习	□	完成任务实施，通过模拟旅客乘机流程，加深对所学知识的理解
	□	以图文结合的方式制作旅客乘机流程图，并于小组内展示
	□	回顾本任务所学知识，总结知识重点、难点，建立知识脉络体系

任务导入

张先生是第一次到机场乘坐飞机旅行。由于家人已经为其购买了机票，到达机场后，他就直接向候机厅方向走去，结果被安检人员拦了下来，要求办理值机手续。张先生一头雾水：明明已经购买了机票，为什么不能直接去乘坐飞机呢？安检人员见张先生愁容满面，在了解了具体情况后，协助张先生办理了值机手续，并告知张先生接下来的乘机流程。按照安检人员的提示，张先生最终顺利登上了飞机。

请思考

如果你是该安检人员，你将如何告知张先生乘机流程？

知识讲解

一、购票

扫一扫

坐飞机的流程

民航客票的销售有直销和分销两种渠道，随着电子商务及网上支付的发展与兴起，客票除可在航空公司、机场、代理机构等售票处购买外，还可在航空公司、机场、代理机构等的网站进行购买。

民航客票销售员在进行售票服务时需要根据旅客的需求，为旅客提供航班及座位信息查询、客票预订、出票、客票变更等业务，并主动为旅客提供全面的出行信息，如客票价格、航班起飞时间和到达时间、运营航空公司、机上餐食情况、是否经停以及机型等，如遇航班变动，还应及时通知旅客，并按相关规定为旅客办理退票、改签业务。同时，民航客票销售员需要灵活应变，如当遇到对客票价格较为敏感的旅客时，可以为其推荐一些出发时间较早、较晚或经停等折扣力度较大的航班；当遇到出行公务的旅客，则应避免推荐当日最晚的航班，以便在预订航班出现延误或临时取消时无后续航班可签转。

售票时，销售员需要对旅客的基本信息进行登记和确认，如旅客姓名、证件号码、联系方式等。同时，应在旅客购票成功后将航班信息（日期、起飞时间、到达时间、起飞机场、到达机场等）、注意事项等内容通过短信或邮件的形式通知旅客。

二、到达机场

由于航空运输的特殊性，旅客在乘坐飞机前需要办理登机手续。一般航空公司规定航班起飞前两个小时开始办理登机手续，航班起飞前 30 分钟停止办理登机手续，因此，销售员在旅客购票时应提醒旅客出行时合理规划时间，以确保顺利完成登机手续的办理。同时，由于部分城市有两个机场，且部分机场有两个及以上的航站楼，因此，销售员应提醒旅客出行时需要仔细核对航班信息，以便找对机场和航站楼。

三、办理乘机手续

办理乘机手续主要是换登机牌和托运行李。机场大厅的显示屏上会显示该机场出港航班的值机柜台，旅客可根据航班号找到对应的值机柜台办理乘机手续，也可通过机场自助值机和自助行李托运、网上值机等方式办理乘机手续，如图 1-46 至图 1-48 所示。

图 1-46 值机柜台

图 1-47 自助值机

图 1-48 自助行李托运机

值机员的岗位职责主要包括：为旅客办理乘机手续（包括托运行李）；清点机票，核实航班相关数据归档并拍发各类业务电报、填制航班相关报表；负责晚到旅客的召集工作及对候补旅客的处理；将航班生产中出现的特殊情况及时报告值班主任；航班关闭后拍发业务电报；航班不正常时协助值班主任做好航班保障工作。本部分内容将在项目三进行详细讲解，此处不再赘述。

民航小贴士

在为旅客办理完成乘机手续后，值机员需将旅客身份证（或护照等身份证件）、登机牌、行李票及时交于旅客手中，并提醒旅客拿好身份证件、登机牌、行李票等票件，以防丢失带来不便。

四、安检

旅客安检（见图 1-49）是指乘坐民航飞机的旅客在登机前必须接受的一项人身和行李检查项目。这是为保证旅客自身安全和飞机飞行安全所采取的一项必要措施。

图 1-49　安检

安检人员的岗位职责包括：对旅客及其行李物品的安全检查，对进入民用运输机场控制区的其他人员、物品及车辆的安全检查。

民航小贴士

旅客完成人身及行李安检后，安检人员需提醒旅客整理并检查好行李物品，以免因遗忘、错拿或丢失带来不便。

科技助推民航

全国首家！哈尔滨太平国际机场自助防爆闸机系统投用

2021 年 11 月，哈尔滨太平国际机场（简称“哈尔滨机场”）T2 航站楼自助防爆闸机顺利通过竣工验收，并正式投入使用。该机场成为全国首家使用自助防爆闸机系统的机场。

据介绍，该自助防爆闸机系统集人脸识别、身份验证、防爆检测、体温检测、健康码查验等多项功能于一体。旅客进入航站楼，将身份证放置在证件读取模块，系统读取信息后即可同步开展人证信息比对、爆炸物检测、龙江健康码比对、公安黑名单比对、温度测量。全部合格后，旅客才可通过闸门进入。同时，为满足适老化服务需求，防爆闸机系统还配有老年人专用通道。

自助防爆闸机系统通过流程再造、协同运行，推进了旅客入楼查验环节的简化、优化、集约化，实现了智能反恐、便捷出行与效率提升。系统投用后，机场空防安全能力、科技防疫能力和服务质量均有效提升，同时为自助验证、“一脸通关”、诚信安检、区域寻人、智慧商业等“智慧机场”建设项目提供了基础信息。

未来，哈尔滨机场将充分运用大数据、云计算、区块链、人工智能等前沿技术，加快推进“智慧机场”建设，实现机场内外部信息的共享和有效利用，不断提高生产、经营、管理、决策的效率和水平，促进哈尔滨机场服务质量全面提升。

五、候机

通过安检后，旅客可按照登机牌上标明的航班登机口，通过机场显示屏指示或询问工作人员，找到对应的候机厅（见图 1-50）。工作人员需提醒旅客候机时注意收听广播播放的登机信息。

图 1-50　候机厅

六、登机

在听到登机广播后，旅客应在登机口排队登机，经登机口服务人员核对登机牌后，通过走廊或乘坐摆渡车登上飞机，如图 1-51 所示。

图 1-51　登机

七、寻找座位

登机牌上标明了旅客的座位号，旅客登机后可根据登机牌上的指示找到自己的座位。一般来说，座位号标识在行李舱壁上，由一个数字和一个字母组成，数字代表第几排，字母代表一排中的具体位置，如 6A、25F 等。旅客到达自己的位置后，可将随身携带的行李放置于行李舱中。

民航智慧园

航班上随意调换位置不可取

搭乘飞机出行需要旅客按照登机牌显示的位置对号入座，不可随意入座，若一定要更换座位，也需要征得乘务员的同意，并由乘务员进行安排。这个规定看似苛刻，但却关系到飞机的飞行安全。飞机在空中运行过程中没有任何着力点，所以维持重心平衡是保障飞行安全的重要因素，这就关系到飞机的载重平衡。每家航空公司都会有专门的配载平衡员，负责计算航班配载重量平衡。为保持平衡，飞机的各个部位装配多少重量都是有限定额度的。现代飞机虽然能根据普通旅客的体重大致有一个平衡估算，但是由于每个航班的旅客数量和货物总重不同，每个航班都需要配载员按照飞机重心要求重新计算和规划。旅客坐哪、托运行李放在哪个舱、货物可以装多少，这些都需要精确计算，而这些计算结果将决定航班最适合飞行的高度、速度和油量。因此，为了飞行安全，旅客切不可随意调换座位。

八、到达目的地

飞机到达目的地后，旅客可根据机场标识信息选择合适的交通工具有序离开机场，如图 1-52 所示。托运行李的旅客可在出口通道的行李提取处取走自己的行李，如图 1-53 所示。若有行李丢失或错拿，旅客可前往行李查询处进行查询和登记。转机的旅客可通过机场标识信息或询问工作人员进行下一航班的手续办理。

图 1-52 离开机场

图 1-53 行李提取处

任务实施

情景模拟——乘机流程

情景：小吴是北京某学校的一名学生，他决定假期时乘坐飞机前往四川成都游玩。这是小吴第一次乘坐飞机，他非常兴奋，但是完全不了解乘机流程，于是请教了在航空公司工作的小赵，小赵详细地向小吴讲解了乘机流程及注意事项。出发当日，小吴按照小赵的“攻略”，提前两个小时到达了机场，并在机场工作人员小李的帮助下顺利登上飞机到达了成都。

以 3 人为一小组，分饰小吴、小赵和小李，完成登机情景剧。要求：

（1）小赵饰演者需要详细口述出完整的乘机流程及注意事项。

（2）小李饰演者需要表演的内容有：① 协助小吴领取登机牌及托运行李；② 对小吴进行安检；③ 引导小吴找到候机厅和登机口；④ 帮助小吴在飞机上寻找座位；⑤ 在出站口引导小吴提取行李。

（3）剧情可根据情景适当延伸，但要重点突出乘机流程。

任务评价

请评价人员根据表 1-8 对上述任务实施情况进行评价。

表 1-8 任务实施评价表

评价标准	分值	自评	互评	师评
乘机流程及注意事项表述正确	20			
表演内容符合要求，乘机流程演示正确	20			
剧情流畅，重点突出	20			
演员表现力好，情景剧完成度高	20			
能够对情景进行适当的创新和延伸	10			
小组合作良好，分工明确	10			
合计	100			
总评（自评×20%+互评×20%+师评×60%）				

项目学习效果综合测试

一、不定项选择题

1．国际航空运输协会的英文缩写是（　　）。

A．ICAO　B．ITAT　C．IATA　D．CIAO

2．中国国际航空公司的两字代码是（　　）。

A．CA　B．AU　C．AO　D．UF

3．按照飞机飞行的起讫点，航线可分为（　　）。

A．国际航线　B．国内航线　C．地区航线　D．地方航线

4．国内航线可分为（　　）。

A．主线航线　B．干线航线　C．支线航线　D．地方航线

5．按照运输飞行去向的不同，航班可分为（　　）。

A．定期航班　B．不定期航班　C．去程航班　D．回程航班

6．登机口和机位沿航站楼前沿布置的为（　　）。

A．前列式　B．指廊式　C．卫星式　D．综合式

二、实践题

1．每年毕业季，机场都会迎来大批的新员工加入，在新员工正式入职前，都需要对他们进行一定的岗前培训。小明是去年入职的员工，作为一名“老人”，领导决定让他对“新人”进行民航基础知识的培训。小明打算制作一份“干货满满”的 PPT 对新员工进行系统讲解。

请你为小明制作一份 PPT 文件，要求：

（1）介绍民航的定义、分类和组成。

（2）介绍航空组织、航空联盟和几家较大的航空公司。

（3）介绍机场的组成。

（4）介绍航线、航班的基础知识。

（5）PPT 美观大方，图文结合。

2．虽然飞机出行早已成为普遍的出行方式，但据悉，中国还有近 10 亿人没有乘坐过飞机。请以小组为单位制作一个科普短视频，为公众讲解客票购买方式、乘机流程和注意事项，并于制作完成后发布在短视频平台上。

项目学习总结与思考

学习要点与难点（请以思维导图的形式列出）	
待（未）解决的问题	
拟解决的方法	

表（续）

已解决的问题	
经验总结	
学习心得	
思想感悟	

项目二

民航客票销售

项目导读

随着改革开放的不断深入，中国民航的发展日新月异，民航从服务“高端小众”转向服务“普通大众”的脚步也越来越快，更多的人开始乘坐飞机，更多的人开始坐得起飞机。

1993 年，乘机介绍信退出历史舞台，人们只需出示身份证等有效身份证件就可以购买机票。2000 年，南航推出国内首张 B2C 模式电子客票，之后中国民航业兴起无纸化运动，至 2011 年年底，中国最先成为全球航空电子客票普及率 100% 的国家。2004 年，《民航国内航空运输价格改革方案》施行，自此民航运价市场化改革开始不断深化，机票价格逐步降低，变得更加亲民。与此同时，客票种类也越来越丰富，能够直飞的城市也越来越多，旅客可以根据自己的需求选择相应的客票，让出行变得更加个性化。

从需凭介绍信购票，到足不出户的网上订票；从曾经“一票难求”，到如今丰富的快线产品；从政府指导定价，到多等级优惠票价……小小一张客票的变迁，折射出中国民航的快速发展。

学习目标

知识目标

- 掌握民航旅客运价种类及使用范围。
- 熟悉客票的定义和分类、电子客票行程单识读、客票有效期及使用规定。
- 了解民航旅客运价的制定依据。

技能目标

- 能够运用所学知识，熟练处理旅客客票咨询服务。
- 能够熟练运用 ICS 准确地为旅客建立定座记录。
- 能够正确处理客票变更、签转和退票。

素质目标

- 从客票发展演变中感悟我国民航的进步与发展，感受我国从“民航大国”走向“民航强国”的坚定步伐。
- 努力汲取民航知识，积极参与民航实践，将个人梦想与民航发展联系起来，以自身行动汇聚实现民航强国梦的强大力量。

任务一 了解民航旅客运价

任务清单

请根据任务清单完成课前预习、课中学习和课后复习，完成后在对应的方框内打“√”。

课前预习	□	通读知识讲解部分，了解民航旅客运价学习内容
	□	收集我国民航旅客运价相关政策、资讯
课中学习	□	掌握不同航空服务等级对应的票价
	□	掌握儿童、婴儿旅客票价
	□	熟悉不同航空旅程方式对应的票价
	□	熟悉教师、学生、团体、伤残军警旅客票价，行业票价，包舱票价
	□	了解民航旅客运价的制定依据
课后复习	□	完成任务实施，了解超级经济舱及其所反映出的航空公司间的市场竞争
	□	选择一家航空公司，查看北京—上海各舱位票价信息，绘制6个月内各舱位票价折线图，观察票价走势，查阅资料并结合所学知识，讨论、分析产生这种价格走势的原因
	□	回顾本任务所学知识，总结知识重点、难点，建立知识脉络体系

任务导入

为贯彻落实党中央、国务院决策部署，有效扩大国内航空运输市场需求，进一步深化民航国内航线运输价格市场化改革，扩大市场调节航线范围，中国民用航空局、国家发展改革委于2020年11月23日发布《关于进一步深化民航国内航线运输价格改革有关问题的通知》(以下简称《通知》)。《通知》规定：3家以上(含3家)航空运输企业参与运营的国内航线，国内运价实行市场调节价，由航空运输企业依法自主制定；航空运输企业应按照《民用航空国内运输市场价格行为规则》的有关规定，合理确定实行市场调节价的国内运价的调整范围、频次和幅度，确保航空运输市场平稳运行；航空运输企业和销售代理企业应严格遵守《价格法》《民用航空法》的有关规定，及时、准确、全面地向社会公布实际执行的各种运价种类、水平和适用条件，并同时通过航空价格系统抄报中国民用航空局。

请思考

我国民航国内航线旅客运输价格的制定依据是什么？民航旅客运输价格有哪几种类型？不同运价种类的适用条件是什么？

知识讲解

民航旅客运价也称客票价，是指由发出地机场到目的地机场的航空运输价格。客票价不包括始发地或目的地机场与市区之间的地面运输费用，也不包括民航发展基金及旅客购买其他付费服务、使用其他付费设施所需要缴纳的费用。

一、民航旅客运价的制定依据

（一）运输成本

扫一扫

客票价格制定依据

运输成本是指企业在执行航空客货运输业务过程中所发生的各项费用，主要包括飞机购置折旧费用、燃油费用、维修费用、飞机保险费用、机场服务费用、经营费用、管理费用、财务费用等。运输成本是运输产品定价的最低界限，是制定运价的主要依据。

1．机场服务费用

机场服务费用是指机场为各航空公司飞机起降、进出港旅客、货物、行李、邮件以及驻机场单位提供服务时所发生的与服务直接相关的各项费用，如机场服务人员、安检消防人员、航行调度人员、机场管理维护人员的工资，以及各种燃料动力费用、制服费、折旧费、空难急救费、劳动保护费、差旅费等。

2．经营费用

经营费用是指企业在业务销售过程中所发生的各项费用，包括人员工资、办公费、制服费、运输费、保险费、业务代理费等。

3．管理费用

管理费用是指航空运输企业行政管理部门为组织生产经营活动而发生的各项费用，包括管理人员工资和福利费、折旧费、制服费、工会经费、业务招待费、广告费、税金（房产税、车船使用税、土地使用税、印花税）、排污费、绿化费等。

4．财务费用

财务费用是指航空运输企业为筹集生产经营所需资金而发生的费用，包括利息支出、汇兑损失及相关的手续费等。

（二）盈利水平

一定的利润是企业扩大再生产的资金来源，所以企业在制定运价时，应保证自身能获得一定的利润。盈利水平除利润外还包括税金。从理论上讲，税金与利润性质相同，同属于劳动者为社会创造的价值，但是税金和利润的职能不同，税金根据国家政策收取，受国家政策支配。

（三）运价政策

运输价格政策，简称“运价政策”，是指政府对运输业价格制定的引导、限制和规范等方面的政策，主要目的是促进运输业稳步发展和维护运输消费者的合法权益。

我国民航旅客运输价格主要采用基准价定价法来制定票价水平，并作为政府指导价。国家发展改革委同中国民航局依据航空运输的社会水平、市场供求状况、社会承受力，确定国内航线客货运输基准价和浮动幅度，航空运输企业在此基础上，依据市场行情等因素，确定航线具体销售价格。

不过，通过渐进式的机票价格市场化改革，我国航空机票价格已经由政府指导价基本过渡到市场调节价。但无论是市场调节价航线还是政府定价航线，国家都对调价范围和频率规定了上限，以避免市场整体价格大幅度全面上升，从而有效减轻社会震动。

政策引领

我国机票价格改革历程回顾

1. 放开头等舱、公务舱价格

2010 年 4 月，民航局、国家发展改革委印发《关于民航国内航线头等舱、公务舱票价有关问题的通知》。根据该通知，自 2010 年 6 月 1 日起，民航国内航线头等舱、公务舱票价实行市场调节价，具体价格由各航空公司自行确定。

2. 政府指导价机票价格取消下浮限制，部分航线开始实行市场调节价

2013 年 10 月，民航局、国家发展改革委印发《关于完善民航国内航空旅客运输价格政策有关问题的通知》，将经济舱机票价格分为政府指导价和市场调节价两类，采用不同的管理规则。

对部分与地面主要交通运输方式形成竞争，且由两家（含）以上航空公司共同经营的国内航线，旅客运输票价由实行政府指导价改为市场调节价，航空公司可以根据市场供求情况自主确定票价水平。其他航线仍然实行政府指导价。对实行政府指导价的国内航线，均取消票价下浮幅度限制，航空公司可以基准价为基础，在上浮不超过 25%、下浮不限的浮动范围内自主确定票价水平。

3．部分短途航线票价实行市场调节价

2014 年 11 月，民航局、国家发展改革委印发《关于进一步完善民航国内航空运输价格政策有关问题的通知》，进一步放开相邻省份之间与地面主要交通运输方式形成竞争的部分短途航线旅客运输票价，由现行政府指导价改为实行市场调节价。对继续实行政府指导价的国内航线旅客运输票价也进行改革，由政府审批航线基准票价改为由航空公司根据《民航国内航线旅客运输基准票价定价规则》自行制定、调整基准票价。

4．全部 800 千米以下航线和部分 800 千米以上航线实行市场调节价

2016 年 9 月，民航局、国家发展改革委印发《关于深化民航国内航空旅客运输票价改革有关问题的通知》。根据该通知，全部 800 千米以下航线、800 千米以上与高铁动车组列车形成竞争的航线，旅客运输票价交由航空公司依法自主制定。该通知同时规定，航空公司上调市场调节价航线无折扣的公布票价，原则上每航季（夏秋航季和冬春航季）不得超过 10 条航线，每条航线每航季票价上调幅度累计不得超过 10%。

5.《民用航空国内运输市场价格行为规则》颁布实施

2017 年 12 月，民航局、国家发展改革委印发《民用航空国内运输市场价格行为规则》（以下简称《规则》）。

《规则》第三条规定，头等舱、公务舱旅客运价实行市场调节价；经济舱旅客运价根据不同航线市场竞争状况分别实行市场调节价、政府指导价，实行市场调节价的具体航线按照民航局商国家发展改革委公布的目录执行。

根据《规则》，无论是实行市场调节价的航线，还是实行政府指导价的航线，航空公司上调运价的航线数量、频次和调价幅度都是受到限制的，上调运价的航线数量和价格上调幅度都不大。

6．5 家以上航空运输企业参与运营的国内航线票价实行市场调节价

2017 年 12 月，民航局、国家发展改革委在印发《规则》的同时，还印发了《关于进一步推进民航国内航空旅客运输价格改革有关问题的通知》。根据该通知，5 家（含）以上航空公司参与运营的国内航线，国内旅客运价实行市场调节价。

7．3 家以上航空运输企业参与运营的国内航线票价实行市场调节价

2020 年 11 月，民航局、国家发展改革委印发《关于进一步深化民航国内航线运输价格改革有关问题的通知》。该通知规定，3 家（含）以上航空公司参与运营的国内航线，国内运价实行市场调节价。

二、民航旅客运价的种类

（一）按服务等级划分

服务等级是指旅客在航空运输中享受的服务的等级，服务等级不同，所对应的票价也不一样。国内航线的旅客运价根据服务等级一般分为 3 种，即头等舱（F）票价、公务舱（J）票价和经济舱（Y）票价。

1. 头等舱票价

航空公司在有头等舱布局的飞机飞行的航班上为旅客提供头等舱座位及相应等级服务所对应的票价为头等舱票价。头等舱座位（见图 2-1）宽而舒适，餐食标准最高，旅客可免费携带的行李限额为 40 千克，而且有专门的值机柜台和候机厅可享受更优质、快捷的服务。国内航线头等舱票价约为经济舱基本票价的 150%，但不同的航空公司在不同航线上的价格可能有所不同，此外各航空公司在不同航线上还会推出各种不同的头等舱折扣活动。

扫一扫

头等舱、公务舱、经济舱的区别

图 2-1 头等舱座位

2. 公务舱票价

航空公司在有公务舱布局的飞机飞行的航班上为旅客提供公务舱座位及相应等级服务所对应的票价为公务舱票价。公务舱座位（见图 2-2）宽度较头等舱的窄，餐食标准低于头等舱、高于经济舱，旅客可免费携带的行李额为 30 千克。国内航线公务舱的票价约为经济舱基本票价的 130%，但不同航空公司在不同航线上的公务舱价格会有所不同，但总的来说均低于头等舱、高于经济舱。

图 2-2　公务舱座位

3. 经济舱票价

航空公司在有经济舱布局的飞机飞行的航班上向旅客提供经济舱座位及相应等级服务所对应的票价为经济舱票价。经济舱座位（见图 2-3）最窄，旅客可免费携带的行李限额为 20 千克（不占座位的婴儿除外），旅客享受最基本的旅行服务。

图 2-3　经济舱座位

4. 混合等级票价

混合等级票价是指旅客在整个旅程的多个航段使用不同的服务等级的票价，例如旅客在部分航段乘坐经济舱，部分航段乘坐头等舱。其总票价为旅客实际乘坐的多个不同等级舱位的票价之和。

民航智慧园

多等级运价制度

航空公司在市场营销中，除根据服务等级确定头等舱、公务舱和经济舱的运价外，为丰富公司的产品，通过不同的运价去满足不同的市场需求，从而赢得收入最大化外，还会在同一服务等级运价基础上，通过对运价附加如签转、更改、退票、出票和付款时限的运价限制条件，制定出多个价格依次递减的子舱位运价（即通常说的打折机票、特价机票）。例如，国航在头等舱（即F舱）的后面设置了A舱、O舱子舱位，在公务舱（即J舱）的后面设置了C舱、D舱、Z舱、R舱、I舱等子舱位；在经济舱（即Y舱）的后面设置了B舱、M舱、U舱、H舱、Q舱、V舱、W舱、S舱、T舱、L舱、P舱、X舱、N舱、K舱等子舱位。各航空公司子舱位类型及代码有所不同，实际工作中以各航空公司具体规定为准。

（二）按旅程方式划分

按旅客行程方式的不同，票价可以分为单程票价、来回程票价和联程票价。

1. 单程票价

单程票价也称直达票价，是指在规定航线上从始发地至目的地的一次有效使用的客票的价格。我国现行对外公布的票价均为航空运输的直达票价。

2. 来回程票价

来回程票价是指从始发地至目的地并按原航程返回始发地的客票票价，由去程和回程两个单程票价组成。为吸引旅客，有些航空公司规定，在某一时间段内，如果来回程均乘坐本公司航班，则来回程票价在两个单程票价的基础上可享受一定的折扣。

3. 联程票价

在旅客要求经停或换乘其他航班时，就会形成联程票价，联程票价是指按实际航段分段相加计算的票价。其中，联程中转（旅客从始发地至目的地需要在中转点换乘其他航班，全部航程被分为多个航段，但全程多个航段被视为一个运价区）票价是一种特殊的联程票价，是航空公司为了最大限度地利用舱位、整合运力资源推出的票价，一般低于直达票价。

（三）按旅客性质划分

1. 儿童、婴儿旅客票价

（1）儿童旅客票价

儿童旅客是指运输开始之日起已满两周岁但不满十二周岁的旅客。国内航线儿童一般需按成人全票价的50%购儿童票，航空公司提供座位，有相应舱位等级的免费行李额，也有航空公司会在部分航线上推出低于成人全票价5折的特价儿童票。国际及港澳台地区航线儿童票价按不同航空公司及不同航线的规定享受一定的折扣，常见折扣为成人全票价的75%或67%。

（2）婴儿旅客票价

婴儿旅客是指运输开始之日起未满两周岁的旅客。国内航线婴儿按成人全票价的10%

购婴儿票，航空公司不提供座位，没有免费行李额。若婴儿需要单独占用座位，则需购买儿童票。每名成人旅客最多只能携带 2 名婴儿旅客，当携带 2 名婴儿旅客时，只有其中一名可购婴儿票，另一名应购儿童票，航空公司会相应地为购买儿童票的婴儿旅客提供座位及相应舱位等级的免费行李额。

民航互动营

请计算:

（1）一位爸爸携带 10 岁女儿从北京前往上海，经济舱全价为 1 490 元，这位爸爸应为女儿支付的费用是多少？

（2）一位妈妈携带 1 岁儿子从北京前往上海，经济舱全价为 1 490 元，这位妈妈应为儿子支付的费用是多少？

（3）一对夫妻携带一对 1 岁的双胞胎儿子从北京前往上海，经济舱全价为 1 490 元，这对夫妻应为双胞胎儿子支付的费用是多少？航空公司应为孩子提供几个座位？

（4）一位爸爸携带一对 2020 年 4 月出生的双胞胎女儿，于 2022 年 1 月 1 日从北京前往上海，经济舱全价为 1 490 元，这位爸爸应为女儿支付的费用是多少？航空公司应为孩子提供几个座位？

2. 教师、学生旅客票价

在寒暑假期间，航空公司会在指定航线上对国内全日制大学、中小学等在校教师、学生给予不同幅度的优惠。教师、学生可根据航空公司的规定出示相关身份证明进行购票。但是此类机票在使用上可能会有一定的限制，如不可签转等，具体票价及使用规定应按照各航空公司规定执行。

职业体验零距离

开学季来临！航空公司花式促销

开学季来临，各大航空公司将目光锁定学生旅客，推出花式促销产品吸引旅客。

厦门航空推出“全学飞”产品，高校新生仅需 288 元（不含税费）购买“全学飞”产品后，便可享受厦门航空实际承运的任一境内航线经济舱单程机票一张，还可凭本人当年颁发的高校录取通知书额外享受 10 千克免费行李额。此外，与新生同行人员可享受机票折上 88 折优惠，最多 2 人享受此优惠。除高校新生外，其他学生可以 88 元购买价值 188 元的机票抵用券 1 张，还可额外享受 200 元行李抵用券。

南航推出“南航送你上大学”活动。在南航官网报名成功，并购买两人往返程机票后，学生即可免费获赠 1 张同航程去程机票。若是一位家长送行，学生可获 200 元机票补贴。

除此之外，其他航空公司还推出了“随心飞”、代金券直减、学生认证领优惠券等优惠活动，花式抢占开学季市场。

3. 伤残军、警旅客票价

我国因公致残的现役军人和因公致残的人民警察在乘坐国内航班时，凭革命伤残军人证或人民警察伤残抚恤证，在规定的购票时限内，按普通全票价的 50%购票。

4. 团体旅客票价

团体旅客是指统一组织的人数在 10 人以上（含 10 人）且航程、乘机日期和航班相同的旅客。航空公司一般会给予团体旅客适当的票价优惠，折扣率视季节、团队人数、航班座位销售情况等具体情况而定。大多数航空公司采用一团一议的方法给予优惠。

5. 行业票价

行业票价是指航空公司内部职工、销售代理人、民航局职工及协作单位职工因私或因公乘坐飞机，经航空公司批准，可享受低于适用票价的 50%的一种票价。旅客必须在购票前提出书面申请，经航空公司主管部门受理和审批同意后签发“授权出票通知单”，再凭“授权出票通知单”、有效身份证件到指定航空公司售票处办理购票手续。

行业票价优惠和其他票价优惠不可同时使用，但可在几种优惠或折扣票价中选择一种。使用行业票价购买机票的旅客不能事先定座，只能持票在航空公司的柜台申请后补，在航班有空余座位的情况下办理乘机手续。

6. 包舱票价

包舱是指根据旅客乘坐飞机的特殊需求，购票单位向航空公司包购飞机中某一客舱舱位全部座位（旅客人数不得超过所包舱的总座位数）。包舱票价按照包用舱位的座位数总数乘以适用的票价计算，免费行李额按照适用舱位票价享受的免费行李额乘以包舱的座位总数计算，而均不是按照旅客实际人数计算。

任务实施

书写分析报告

请阅读以下内容并查找相关资料，自选题目，写一篇分析报告，要求：

（1）分析超级经济舱产生的原因。

（2）分析超级经济舱的优势。

（3）透过超级经济舱分析航空公司间的市场竞争。

超级经济舱

现在，很多航空公司在区别于传统头等舱、公务舱和经济舱的基础上，又推出了第四种舱位——超级经济舱。

超级经济舱在票价级别上属于经济舱，但是它的软硬件都全面向公务舱靠拢。在硬件上，超级经济舱座位间距较普通经济舱更大；在软件上，很多航空公司为超级经济舱旅客提供和公务舱接近甚至相同的服务标准及餐食。

超级经济舱的价格优势在国际航线上体现得尤为明显。通常国际航线公务舱的票价是经济舱的 2～3 倍，但是超级经济舱的票价仅为经济舱的 1.5 倍。

头等舱和公务舱价格昂贵，经济舱乘坐体验较差，而超级经济舱能让旅客以较低的价格享受到舒适的乘坐体验，具有很高的性价比，因此成为商务旅客的最爱。

任务评价

请评价人员根据表 2-1 对上述任务实施情况进行评价。

表 2-1 任务实施评价表

评价标准	分值	自评	互评	师评
能够准确分析出超级经济舱产生的原因	20			
能够全面分析超级经济舱的优势	20			
既能从大局观分析航空公司间的市场竞争，又能提出自己的看法	30			
能够全面、准确地搜集相关资料	20			
分析报告逻辑清晰，语句通顺	10			
合计	100			
总评（自评×20%+互评×20%+师评×60%）				

任务二 认识客票

任务清单

请根据任务清单完成课前预习、课中学习和课后复习，完成后在对应的方框内打“√”。

课前预习	□	查找纸质客票、电子客票、电子客票行程单图片
	□	查找航空客票相关资讯，了解航空客票发展史
课中学习	□	熟悉客票的定义、分类
	□	熟悉电子客票行程单的票面内容
	□	熟悉客票有效期及使用规定
课后复习	□	完成任务实施，深化对课上所学知识的掌握和应用
	□	查找一张电子客票行程单图片并进行识读
	□	登录各航空公司官网，查询各航空公司关于客票使用的相关规定
	□	回顾本任务所学知识，总结知识重点、难点，建立知识脉络体系

任务导入

2011 年 12 月 1 日，首张中文电子客票行程单亮相。此次国内电子客票行程单的修改主要涉及以下几个方面的内容：① 将承运人栏的英文两字代码改为承运人的中文简称，如原显示“CA”改显示为“国航”；② 航班号栏显示含有承运人两字代码在内的完整航班号，如原显示“1302”改显示为“CA1302”；③ 日期栏将原来英文表达格式“日-月”改显示为“年-月-日”，如以 2011 年 6 月 10 日为例，原显示“10JUN”将改显示为“2011-06-10”；④ 将时间栏中的乘机时间改为“时：分”形式，如以 15：30 为例，原显示“1530”改显示为“15：30”；⑤ 在航程一栏中增加目的地的航站楼信息；⑥ 在提示信息栏中明确乘机的航站楼信息。此次更改后的电子客票行程单不仅更加符合国人的阅读习惯，而且大大方便了国内旅客出行，有助于旅客更方便地核对乘机信息是否准确。

请思考

电子客票行程单是民航客票吗？其票面上都有哪些内容？

知识讲解

客票是指承运人（公共航空运输企业）或其授权代理人销售或认可并赋予运输权利的有效文件，是运输凭证的一种。

一、客票的分类

根据票本保存形式的不同，客票可分为纸质客票和电子客票。

（一）纸质客票

纸质客票（见图 2-4）是指由承运人或其授权代理人所填开的被称为“客票及行李票”的凭证，由运输合同条件、声明、通知事项、财务联、出票人联以及 1～2 张不等的乘机联和旅客联组成。其中，财务联供财务部门审核和入账用；出票人联供填开客票的单位存查；乘机联供旅客在标示的指定地点乘机使用；旅客联由旅客持有，旅客在使用客票及退票时必须附有旅客联。目前，纸质客票已被电子客票代替。

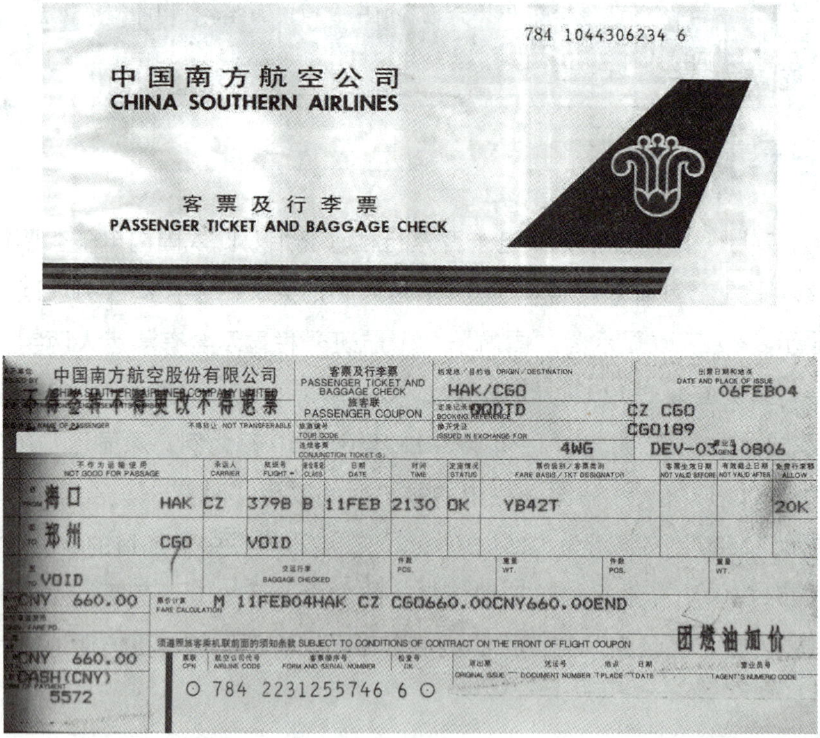

图 2-4　纸质客票

（二）电子客票

电子客票是指由承运人或其授权代理人销售并赋予运输权利的以电子数据形式体现的有效运输凭证，是纸质客票的电子替代产品。电子客票将票面信息存储在定座系统中，可以像纸质客票一样执行出票、作废、退票、换开、改转签等操作。旅客在成功出票后，均相应产生一个客票号码，作为购票成功及客票查询、签转、退票的电子依据。电子客票不仅降低了航空公司的运营成本，也为旅客带来便利，旅客通过互联网订购机票之后，只需出示有效身份证件就可在机场直接办理登机手续。

扫一扫
电子客票

民航智慧园

电子客票购买方式

电子客票可以通过电话、网络和柜台三种方式购买。购买成功后，旅客可致电航空公司服务热线或登录航空公司网站核查机票。

其中，电话购票的流程是：拨打航空公司或者机票代理点电话→确定合适的航班→告知售票方姓名和有效身份证件号码→协商支付方式→交款获得客票票号。

网络购票的流程是：登录航空公司网站或代理商订票平台→确定合适的航班→输入姓名和有效身份证件号码等购票信息→网上支付票款→获得客票票号。

柜台购票的流程是：确定合适的航班→告知售票方姓名和有效身份证件号码→现场支付票款→获得客票票号。

在当前的网络信息时代，网络购票已经成为电子客票购买的主要方式。图 2-5 为网络购票界面。

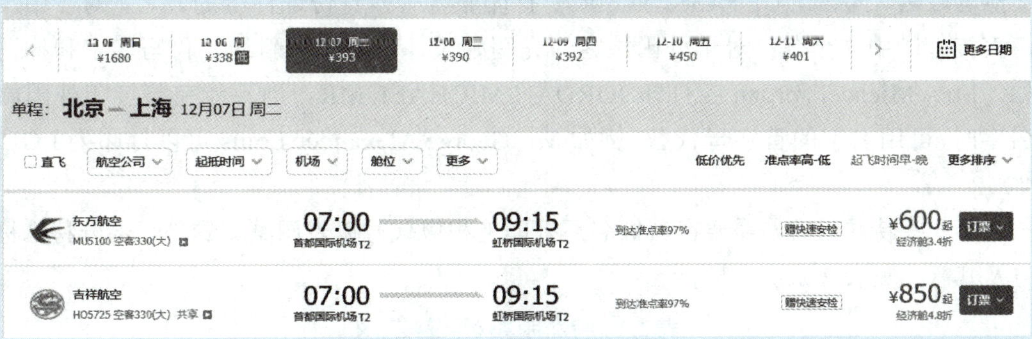

图 2-5　网络购票界面

二、电子客票行程单识读

目前，我国电子客票使用航空运输电子客票行程单（以下简称“行程单”，见图 2-6）作为旅客购买国内航空运输电子客票的付款凭证及报销凭证。旅客购买电子客票付款后，可向出票单位索取行程单，也可在机场相应航空公司的售票处打印行程单。

扫一扫

电子客票行程单

行程单为一票一单，不作为机场办理乘机手续和安全检查的必要凭证使用；不能重复打印，遗失和损坏不补；如发生退票，会被收回。

图 2-6 电子客票行程单

行程单票面内容及打印要求如下：

旅客姓名（NAME OF PASSENGER）：打印旅客有效身份证件上的姓名。对于中国旅客，直接打印中文全名；对于外国旅客，先写姓氏，其后画一斜线，再写名字和称谓，例如，Mr. Michael Jordan 应打印 JORDAN/MICHAEL MR。当不能完整打印外国旅客的名字时，可用名字的首字母代替，例如 Mr. George Alexander Louis 可以打印为 LOUIS/G A MR。

对于一些特殊旅客，需要在其姓名后打印上相应代号以表明其特殊性，部分特殊称谓代号及其意义见表 2-2。

表 2-2 特殊称谓代号及其意义

特殊称谓代号	意义
CHD	儿童
INF	婴儿
CBBG	占用座位的行李

表 2-2（续）

特殊称谓代号	意义
SP	因无自理能力或病残等而需要特别护理的旅客
STCR	使用担架的旅客
UM	无成人陪伴儿童

有效身份证件号码（ID. NO.）：打印旅客定票时使用的有效身份证件的号码。

签注［ENDORSEMENT/RESTRICTION（CARBON）］：打印需要特别注意的事项。例如，若客票不允许签转或退票，则打印“不得签转”或“不得退票”字样。

自（FROM）……至（TO）……：打印旅客的航程。“自（FROM）”栏内打印始发城市的名称和机场三字代码（国内主要机场代码见附表 1），“至（TO）”栏内打印每一连续的转机点或目的地。当一个机场有多个航站楼时，一般会打印上航站楼名称，如“PEKT2”表示北京首都国际机场（PEK）的 2 号航站楼（T2）。若无转机点或转机点较少，则在剩余“至（TO）”栏内打印“VIOD”，表示空白。

民航小贴士

目前，我国一个行程单能打印四个航段、四个航班的信息。根据国家税务总局、中国民用航空局引发的《关于国际客票使用<航空运输电子客票行程单>有关问题的通知》，国际航空客票销售部门向旅客出售的国际航空客票超过四段航程时，每四段打印一张行程单，在每一张行程单上显示连续客票情况，但仅在第一张上显示实收总价，旅客报销时需持所有连续客票行程单共同作为报销凭证。

承运人（CARRIER）：打印各航段已申请或定妥座位的航空公司的简称。不定期航班此栏可不填。

航班号（FLIGHT）：打印各航段已申请或定妥座位的航班号。不定期航班可不填。

座位等级（CLASS）：打印各航段已申请或定妥座位的舱位等级代号。不定期航班也必须打印舱位等级代号。

日期（DATE）：打印各航段已申请或定妥座位的乘机日期。不定期航班可不填。

时间（TIME）：打印各航段已申请或定妥座位的航班离站时间。不定期航班可不填。

客票级别/客票类别（FARE BASIS）：打印客票的级别，一般包括服务等级、旅客类别、折扣率等内容。例如，“YIN10”表示购买的是按成人票价 10%支付的经济舱婴儿票。

客票生效日期（NOT VALID BEFORE）和有效截止日期（NOT VALID AFTER）：打印客票生效日期和截止日期。对于有效期为一年的普通客票，可以不填。对于有效期不足一年的客票，根据票价使用条件和具体规定，以“日月”的形式在相应栏打印客票生效日期和截止日期，其中“日”用阿拉伯数字表示，“月”用月份代码（见表 2-3）表示。例如，“5 月 7 日”打印为“07MAY”。

表 2-3　月份三字代码

月份	三字代码	月份	三字代码
一月	JAN	七月	JUL
二月	FEB	八月	AUG
三月	MAR	九月	SEP
四月	APR	十月	OCT
五月	MAY	十一月	NOV
六月	JUN	十二月	DEC

免费行李（ALLOW）：打印可免费托运行李的重量，一般头等舱为 40 千克，公务舱为 30 千克，经济舱为 20 千克。婴儿票没有免费行李额，打印“NIL”。

票价（FARE）：打印全航程的票价总额，并在票价总额前加上人民币货币代号“CNY”。

民航发展基金（CAAC DEVELOPMENT FUND）：从 2012 年 4 月起，中国废止机场建设费，改征民航发展基金，乘坐国内航班的旅客每人次 50 元，国际航线每人次 90 元，在购票时与票款一起缴纳。

民航小贴士

符合下列条件之一的民航旅客免征民航发展基金：① 持外交护照乘坐国际及地区航班出境的旅客；② 年龄在 12 周岁以下（含 12 周岁）的乘机儿童。

政策引领

民航局：落实免征航空公司应缴纳的民航发展基金等政策

新冠肺炎疫情对全球航空业冲击巨大，我国航空业也面临着前所未有的严峻挑战。为了积极应对疫情对行业的冲击，民航局加强与财政部等部门的协调沟通，及时出台了一系列政策为民航企业发展纾困。

2020 年 3 月 9 日，为贯彻落实党中央、国务院的决策部署，按照“保安全运行、保应急运输、保风险可控、保精细施策”的工作要求，积极应对新冠肺炎疫情对民航业的影响，切实为民航企业发展纾困，精准有序推动复工复产，民航局发布了《关于积极应对新冠肺炎疫情有关支持政策的通知》(以下简称《通知》)。该《通知》指出，要实施积极财经政策，包括落实免征航空公司应缴纳的民航发展基金等优惠政策，确保惠企政策在行业内落地；落实疫情防控期间，中央财政对国际定期客运航班以及按照国务院联防联控机制部署执行重大运输飞行任务给予资金支持的政策；充分利用现行补贴政策，对执行疫情防控任务的通用航空企业给予支持。

该《通知》还指出，民航各地区管理局要加强监督检查，确保各项政策措施落实落地；各航空公司要强化主体责任，加强内部管理，开源节流、挖潜增效，确保行业安全稳定运行；各保障单位要提高站位、服务大局，为行业安全稳定运行提供保障。

燃油附加费（FUEL SURCHARGE）：国家发展改革委和民航局会根据航空煤油基础价格变化情况随时调整燃油附加费的收取情况，因此此栏打印时视情况而定。

其他税费（OTHER TAXES）：目前在国内运输中，除民航发展基金和燃油附加费外，没有征收其他费用，所以该栏一般为空白。

合计（TOTAL）：打印旅客需支付的总金额，一般为票价+民航发展基金+燃油附加费。

电子客票号码（E-TICKET NO.）：打印客票票号。

验证码（CK.）：打印为验证行程单真假而设定的代码。

保险费（INSURANCE）：打印旅客在票价以外支付保险的费用（不包括机票本身包含的强制保险部分）。

民航互动营

你听说过的旅客自愿购买的保险有哪些？不购买航空意外险，若发生意外，航空公司会进行赔偿吗？请同学们查阅有关资料，以“购买机票时是否需要额外购买保险”为题展开讨论。

三、客票有效期

除客票上或者适用的运价（运价可以限定客票的有效期，此种限定将在客票上载明）另有规定外，客票自旅行开始之日起，一年内运输有效。如果客票第一航段未使用或为不定期客票，客票自填开之日起，一年内运输有效。客票有效期的计算，自旅行开始或者填开客票之日的次日零时起至有效期满之日的次日零时止。

民航互动营

旅客小王持有一张出票日期为 2021 年 3 月 20 日，乘机日期为 2021 年 12 月 9 日北京—上海的机票，后小王因故不能按约定日期成行，遂于 2021 年 12 月 1 日前往售票处欲将日期改到 2022 年 4 月 20 日。售票处工作人员认为机票有效期为一年，最晚只能改到 2022 年 3 月 21 日，但小王认为客票“旅客须知”一栏注明了“定期客票自旅行之日起计算，一年内运输有效”，所以自己所持的定期客票应从 2021 年 12 月 9 日开始计算有效期。

旅客小王和售票处工作人员，谁的说法是正确的？请同学们展开讨论。

四、客票使用的一般规定

（1）每位旅客单独持有客票，婴儿和团队旅客也应单独持有客票。客票为记名式，只限客票上所列姓名的旅客本人使用，不得转让，否则客票无效，票款不退。

（2）客票的每张乘机联上必须列明舱位等级、乘机日期、航班，并在定妥座位后方可由承运人接受运输。对未定妥座位的乘机联，承运人应按照旅客的申请，根据适用的票价和所申请航班的座位可利用情况为旅客预定座位。

（3）客票的乘机联必须按照客票所载明的航程，从出发地开始按顺序使用。如客票的第一张乘机联未被使用，而旅客在中途分程地点或约定的经停地点开始旅行，则该客票的第一张乘机联作废。

（4）旅客应在客票有效期内完成客票上列明的全部航程的乘载。

（5）旅客预定联程航班座位时，应根据各机场公布的航班最短衔接时间的有关规定进行选择，以免错失衔接航班。

（6）国内航空运输必须使用国内客票。旅客在我国境外购买的用国际客票填开的国内运输客票，应换开成国内客票后方能使用；含有国内航段的国际联程客票，其国内航段的乘机联可直接使用，不需要换开成国内客票。

任务实施

情景模拟——介绍客票相关知识

情景一：蒋爸爸是一个航空迷，他收藏了许多飞机票，细心的小蒋发现这些机票的日期都非常早，而且他之前乘坐飞机时从来没有见到过这种机票，小蒋知道蒋爸爸一定能解答他的疑惑。

情景二：小魏需要乘坐飞机前往杭州出差，公司财务人员告知他先自行购买机票，后根据机票报销凭证再进行报销，小魏之前从网站购买机票从未索要过报销凭证，于是他决定这次前往柜台购票并询问报销凭证相关问题。

情景三：王女士决定暑假乘坐飞机前往昆明游玩，由于此前没有乘坐过飞机，也没有购买机票的经历，王女士对客票的有效期和使用规定并不了解，客票销售人员了解到这种情况后，主动向王女士进行了介绍。

步骤实施：

（1）自行分组，3 人为一小组，自行决定饰演角色，对上述情景分别进行模拟。

（2）根据以上情景改编 3 份完整的情景剧剧本。可进行适当延伸，合理即可。

（3）分组进行模拟，一组模拟时，其余组认真观看并做好记录。

（4）全部小组模拟结束后，互相进行点评和打分。

任务评价

请评价人员根据表 2-4 对上述任务实施情况进行评价。

表 2-4　任务实施评价表

评价标准	分值	自评	互评	师评
能够正确讲解纸质客票和电子客票的异同	25			
能够明确电子客票行程单的作用和使用要求	25			
能够正确地介绍客票有效期及使用规定	25			
小组合作良好，分工明确	15			
能够认真点评其他小组的情景模拟，并提出合理的优化方案	10			
合计	100			
总评（自评×20%+互评×20%+师评×60%）				

任务三　建立旅客定座记录

任务清单

请根据任务清单完成课前预习、课中学习和课后复习，完成后在对应的方框内打“√”。

课前预习	□	查询相关资料，了解中国民航信息集团有限公司
	□	查找相关资料，了解 eTerm 软件
	□	查找相关资料，了解 ICS
课中学习	□	掌握登录和退出 ICS 的操作
	□	明确旅客定座所需证件
	□	掌握利用 ICS 查询航班信息的操作方法
	□	掌握利用 ICS 建立与修改旅客定座记录的操作方法
	□	掌握利用 ICS 出票的操作方法
课后复习	□	完成任务实施，深化对建立旅客定座记录的各项操作的掌握和应用
	□	制作建立旅客定座记录流程图
	□	回顾本任务所学知识，总结知识重点、难点，建立知识脉络体系

任务导入

1994 年，世界上第一张民航电子客票由美国西南航空公司率先推出，并随着互联网技术的全球普及逐渐在全球流行开来。因为电子客票可以降低销售成本、节约资源，于是国际运输协会凭借其业内影响力开始积极推进电子客票全球化。

2000 年 3 月 28 日，中国南方航空集团有限公司率先推出中国第一张电子客票。随后，国内各大航空公司也相继推出了电子客票。2004 年，中国三大骨干航空公司（国航、南航、东航）建立了各自独立的电子客票销售平台，并于 2005 年加入国际航空运输协会（以下简称“国际航协”）委托中国民航信息集团有限公司（以下简称“中国航信”）开发的中性电子客票系统。

2006 年 10 月，国际航协北京办要求机票代理人开始使用中性电子客票系统，而不再向其发放国内纸质机票。当时，电子客票推广面临公众接受度低、网上支付安全性低、价格漏洞、航空公司系统兼容性差等诸多问题，但国际航协和各航空公司积极推动，在协调政府部门、改进航空公司系统、组织市场推广等方面做了大量卓有成效的工作。至 2011 年年底，中国率先成为全球航空电子客票普及率 100%的国家。

请思考

什么是电子客票系统？电子客票系统如何操作使用？

知识讲解

目前，国内机票大部分是通过 eTerm（机票销售代理系统）软件与定座系统连接进行销售的。其中，eTerm 软件是中国航信独立研发的一款以普通计算机和局域网络为硬件基础，采用软件仿真技术，集订票、打票、非航空产品销售、代理人销售信息管理等多种功能于一体的智能型、开放式操作环境的综合办公平台。定座系统包括代理人定座系统（CRS）和航空公司定座系统（ICS），均由中国航信开发，售票员依托此系统可以销售航班座位，为旅客建立及修改定座记录。本任务主要介绍 ICS。

一、进入工作页面

（一）打开系统

1. 指令格式

> $$OPEN TIPB ↙

2. 指令说明

（1）“>”在系统中显示为一个实心三角形，称为开始符，按 ESC 键显示。输入的指令前面都必须有“>”。

（2）“B”指要进入的系统的名称，在 eTerm 系统中，“C3”表示 CRS，“B”表示 ICS。

（3）“↙”是按键盘上的 F12 键或 Enter 键，表示执行所输入的命令。

系统显示：

```
SESSION PATH OPEN TO: TIPB
```

说明：

进入了 ICS 系统。

（二）登录工作号

进入系统后，若工作人员要进行航班信息查询、预订航班等业务，必须先登录自己的工作号。

1. 指令格式

> SI: 工作号/密码/工作区/级别/部门号 ↙

2. 指令说明

（1）“SI”是工作人员登录工作号指令。

（2）实际工作中必须输入工作号和密码，其他为可选项。

（3）若不输入工作区，系统默认进入排在首位的 AVAIL 状态的工作区。

（4）售票人员的级别均为41。

3. 应用举例

SIA998 部门工作号为 57585、密码为 0605B 的售票人员要登录其工作号，应输入：

> SI: 57585/0605B ↙ 或者 > SI: 57585/0605B/41/SIA998 ↙

系统显示：

```
SIA998 SIGNED IN A
```

说明：

SIA998 部门的工作人员登录 A 工作区。

登录工作号出错信息提示及释义如表 2-5 所示。

表 2-5 登录工作号出错信息提示及释义

出错信息提示	释义
PROT SET	密码输入错误
USER GRP	级别输入错误
PLEASE SIGN IN FIRST	未输入工作号

二、查验旅客证件

根据交通运输部及民航局相关规定，有效乘机身份证件的种类包括：中国大陆地区居民的居民身份证、临时居民身份证、护照、军官证、文职干部证、义务兵证、士官证、文职人员证、职工证、武警警官证、武警士兵证、海员证，香港、澳门地区居民的港澳居民来往内地通行证，台湾地区居民的台湾居民来往大陆通行证，港澳台居民居住证；外籍旅客的护照、外交部签发的驻华外交人员证、外国人永久居留证（外国人永久居留身份证）；民航局规定的其他有效乘机身份证件。16 周岁以下的中国大陆地区居民的有效乘机身份证件还包括出生医学证明、户口簿、学生证或户口所在地公安机关出具的身份证明。

革命伤残军人凭“革命伤残军人证”或因公致残的人民警察凭“人民警察伤残抚恤证”可办理定座。

因故不能出示身份证件者，可凭下列证件或证明办理：

（1）全国人民代表大会代表、全国政协委员，凭本届全国人民代表大会代表证、全国政协委员证。

（2）人民解放军、人民武装警察部队院校学员，凭学员证。

（3）出席全国、省、自治区、直辖市的党代会或人代会、政协会、工青妇代表会和劳模会的代表，凭所属县、团级（含）以上党政军主管部门出具的临时身份证明。

（4）内地旅客的居民身份证在户籍所在地以外被盗或丢失的，凭发案、报失地公安机关出具的临时身份证明，或通过民航局认可的微信或者支付宝“民航临时乘机证明”小程序办理的网上民航临时乘机证明。

（5）2 岁以下的婴幼儿和 2 周岁至 12 周岁儿童，凭户口簿、暂住证、出生证明、独生子女证或附有本人照片的学生证。

民航小贴士

旅客乘坐国内航班办理购票、值机、安检手续等应当使用同一个有效乘机身份证件。

民航智慧园

护照与签证的区别

很多人不理解为什么出国办理了护照还要办理签证，其实两者是不同的概念。

护照是持有者的国籍和身份的证明，签证则是主权国家准许外国公民或者本国公民出入境或者过境的许可证明。持有护照者只有在护照上办妥签证，才能够出入境。也就是说，没有护照，公民不能申领签证；没有签证，持护照者不被允许进入一国国境（免办签证的除外）。简单理解来说，护照是祖国签发的出国资格，而签证是所去国家签发是否接收的凭证。这也就解释了为什么大陆、香港、澳门、台湾四个行政区之间使用通行证而不是护照，因为港澳台地区不是主权国家，而是我国领土不可分割的一部分。

人们通常把护照和签证并提，还因为签证一般签在护照上。签证同护照一般都是对应的，如对外交护照的持有者签发公务签证等。但也有例外，如在特殊情况下为公务护照持有者签发外交签证或反之等。特殊情况下，护照与签证是可以分离的，但需注明本签证须与某号护照同时使用。

三、查询航班信息

客票销售人员可通过查询系统为旅客查询航班信息。

（一）查询航班班期

SK 指令主要用于查看指定时间内两个城市之间的航班信息，包括航班号、起讫地点、出发和到达时间、舱位、机型等。SK 指令所显示的航班信息的时间段为指定日期和其前后各三天共一周的时间。

1．指令格式

＞ SK：选择项/城市对/日期/时间/航空公司代码/舱位/经停标识 ↙

2. 指令说明

（1）选择项有以下几个：

P　显示结果按照起飞时间先后顺序排列

A　显示结果按照到达时间先后顺序排列

E　显示结果按照飞行时间由短到长排列

若上述选项均不填，则默认为 P。

（2）城市对是出发地和到达地城市机场三字代码，为必填项，其余为可填项。

（3）日期的输入格式为“日月”，例如，“9 月 27 日”应输入“27SEP”；若不加日期，则默认显示当天的航班信息，也可以用“.”表示当天，“+”表示明天，“-”表示昨天。

（4）经停标识选项：

D　仅显示直达航班，包括直达经停的航班和直达不经停的航班

N　仅显示直达不经停的航班

若 D、N 均不填，则显示指定日期的所有航班，包括直达航班和转机航班。

3. 应用举例

查询 9 月 27 日前后各三天，广州到沈阳的航班班期情况。

输入指令：

＞ SK: CANSHE/27SEP ↙

系统显示：

```
24SEP(WED)/30SEP(TUE) CANSHE
1 CZ6384 CANSHE  0800  1130  320  0  C  E  37   28MAY22OCT  FAPJCDIOWSYBMHKUL*
2 CZ3601 CANSHE  0800  1140  320  0  C  E  X37  03JUN25OCT  FAPJCDIOWSYBMHKUL*
3 ZH9627 CANSHE  0850  1235  320  0     E       28MAY25OCT  FPAODYBMHKLJQZGVW*
4 CZ6316 CANSHE  1020  1405  320  0  C  E       07JUN25OCT  FAPJCDIOWSYBMHKUL*
5 ZH9661 CANSHE  1230  1610  320  0     E       28MAY25OCT  FPAODYBMHKLJQZGVW*
6 ZH9425 CANSHE  1415  1750  320  0     E       01JUL25OCT  FPAODYBMHKLJQZGVW*
7 CZ6302 CANSHE  2000  2340  319  0  C  E       25JUL25OCT  FAPJCDIOWSYBMHKUL*
```

说明：

显示结果中，第一行为查询的时间范围和航程，其他行为航班信息。各列信息的含义如下：

（1）第 1 列为航班序号。

（2）第 2 列为航班号。

（3）第 3 列为城市对。

（4）第 4 列、第 5 列分别为起、降时间，以 24 小时制显示，如“0800”表示上午 8 点。

（5）第 6 列为机型，如“320”表示空客 320 系列飞机。

（6）第 7 列表示是否有经停点，如“0”代表没有经停点，“1”代表有一个经停点。

（7）第 8 列为餐食标志，如“C”表示饮料，“B”表示早餐，“L”表示午餐，“D”表示晚餐，“S”表示小食，“M”表示正餐。

（8）第 9 列中的“E”表示电子客票。

（9）第 10 列中的“37”“X37”表示班期。

（10）第 11 列表示该航班的执行周期，如“28MAY22OCT”表示该航班在 5 月 28 日至 10 月 22 日都按这条内容执行。

（11）最后一列为舱位等级，若最后有“*”，表示还有其他子舱位未显示。

（二）查询航班座位可利用情况

指令 AV 用于查询航班座位的可利用情况及航班相关信息。

1. 指令格式

＞ AV: 选择项/城市对/日期/起飞时间/航空公司代码/经停标识/座位等级 ↙

2. 指令说明

选择项有 H、P、A、E，其中 H 表示查询结果显示航班的全部舱位、代码共享航班情况以及出发和到达航站楼的情况等，P、A、E 的意义与前面所述相同。

3. 应用举例

查询 9 月 29 日北京至上海的航班的座位可利用情况。

输入指令：

＞ AV: PEKSHA/29SEP ↙

系统显示：

```
29SEP(MON) PEKSHA
1  *MU3928  PEKSHA  0650  0906  320  0^B  E  YA MS ES HS KS LS
2   HO1252  PEKSHA  0650  0906  320  0^B  E  F8 AS JS YA BS LS MS TS ES HS*
3  *CA5901  PEKSHA  0650  0906  320  0^B  E  YA BS HS KS LS QS
4   MU5138  PEKSHA  0700  0910  333  0^S  E  FA PA YA BA MA EA HA KA LA NA*
5  *FM5138  PEKSHA  0700  0910  333  0^S  E  YA MA TA UA HA SA LA QQ EQ
```

说明：

（1）航班号前标注“*”的为共享代码航班；“0^B”中的“0”表示没有经停点，“B”表示早餐。

（2）“YA MS ES HS KS LS”等为航班座位可利用情况。由左边的舱位等级及右边的座位状态组成，如“YA”表示经济舱全票价有可利用座位。座位状态有以下几种：

A：可以提供 9 个以上座位。

1～9：可以提供 1～9 个座位，系统显示具体的可利用座位数。

L：没有可利用座位，但旅客可以候补。

Q：没有可利用座位，但可以申请。

S：因达到限制销售数而没有可利用座位，但可以候补。

C：该等级彻底关闭，不允许候补和申请。

X：该等级取消，不允许候补和申请。

Z：可利用情况不明，这种情况有可能在外航航班上出现。

（3）航班最后若有“*”或“——>”，表示还有其他子舱位未显示完全，若要继续查询，可键入“>AV: C/航班序号”或“>AV: 航班号/日期”。

民航互动营

请同学们登录模拟系统查询 5 月 30 日天津至重庆的航班信息，并指出每一列的含义。

四、定座

在查验证件及查询航班信息后，客票销售人员就可为旅客建立旅客定座记录（passenger name record，PNR），即将旅客的信息（姓名、航程、航班、日期、舱位、座位数、特殊需求、联系方式等）分组录入到定座系统中。

（一）建立姓名组

姓名组记录了旅客姓名、称谓、特殊旅客代码、所定座位数等内容。它是组成旅客定座记录必不可少的组项。

1. 指令格式

成人及儿童：> NM: 该姓名的定座总数　旅客姓名（特殊旅客代码） ↙

婴儿：> XN: IN/婴儿姓名 INF（出生年月）/跟随旅客序号 ↙

2. 指令说明

（1）旅客姓名由英文字母或汉字组成，中文旅客姓名最多 10 个汉字，英文最多 29 个字符。

（2）旅客英文姓名均应由英文 26 个字母组成，姓与名之间需用斜线（/）分开，每个旅客姓名最多只能有 1 个斜线。

（3）对于输入英文字母的姓名，姓氏不得少于两个字母；当旅客的姓氏只有一个字母时，把姓氏与名字连在一起，再加称谓“/MS”或“/MR”。

（4）系统中输出的旅客名单按照姓氏的字母顺序排列。

（5）保证旅客姓名输入的准确性，航空公司一般禁止修改旅客姓名。

（6）婴儿若占座位应按儿童处理，可参照成人携带儿童的实例。

（7）散客记录最大旅客数为 9 人，旅客数大于 9 人的记录为团体旅客记录。

3. 应用举例

（1）一位中文姓名旅客的输入

输入指令：

> NM: 1 王璐璐↙

系统显示：

```
1.王璐璐
2.SIA/T SIA TEST ABCDEFG
3.SIA999
```

说明：

序号 1 内容：定座记录中一旅客姓名为王璐璐，定妥一个座位。

序号 2 内容：定座系统的联系组，该项显示的是售票人的联系信息，由定座系统根据单位配置进行设置，由系统自动生成。

序号 3 内容：定座单位 OFFICE 号，由系统自动生成。

（2）多位中文姓名旅客的输入

输入指令：

> NM: 1 杨琳琳 1 王雷 1 张蒙↙

系统显示：

```
2.王雷 1.杨琳琳 3.张蒙
4.SIA/T SIA TEST ABCDEFG
5.SIA999
```

（3）一名成人携带一名婴儿的输入（成人王琳，婴儿李明明）

先输入成人的姓名后，再用 XN 指令输入婴儿姓名。

输入指令：

> NM: 1 王琳↙

> XN: IN/李明明 INF (DEC21) /P1↙

系统显示：

```
1.王琳
2.SIA/T SIA TEST ABCDEFG
3.OSI YY 1INF LIMINGMING/
4.XN/IN/李明明 INF (DEC21) /P1
5.SIA999
```

（4）儿童等特殊旅客的输入（成人王琳、儿童李璐）

输入指令：

> NM: 1 王琳 1 李璐 CHD

系统显示：

```
2.李璐 CHD 1.王琳
3.SIA/T SIA TEST ABCDEFG
4.SIA999
```

（二）建立航段组

1. 间接建立

间接建立航段是指利用航班时刻表、指定日期班机时刻表或航班座位可利用情况建立航段组。

（1）指令格式

> SD: 航线序号/舱位等级/行动代码/定座数 ↙

（2）指令说明

① 航线序号为前次 AV 显示中相应航班的序号。

② 舱位等级为前次 AV 显示中相应航班的舱位。

③ 行动代码可省略，默认为 NN 申请。

NN：AV 显示没有可销售座位数但可申请的座位，可以 NN 方式进行座位申请。

LL：AV 显示没有可销售座位数但可候补的舱位，可以 LL 方式进行座位候补。

RR：AV 显示有可销售座位数，准备直接出票，可以 RR 方式进行预订。

④ 定座数为定妥座位的数量，与旅客数要一致。

（3）应用举例

旅客王璐璐预订 11 月 27 日北京到广州的机票，前面已经建立了姓名组，现在为其建立航段组。

输入指令：

> AV: H/PEKCAN/27NOV ↙

系统显示：

```
27NOV21(FRI) PEKCAN
1.  *FM9853    F7 YA BA LS MS TS HS VS              PEKCAN 0730  1030  757  0^S   E
>   CA1351                                                             T3 --
2.  CA1351     F7 A2 YA BA MS HS KS LS QS GS        PEKCAN 0730  1030  757  0^S   E
>              SA NS VS US WA TA ES                                    T3 --
3.  CA1321     FA A2 YA BA MS HS KS LS QS GS        PEKCAN 0835  1140  772  0^S   E
>              SA NS VS US WA TA EA                                    T3 --
```

4. CZ3196	FA AQ PA CC DQ IC JC YA TQ KQ	PEKCAN 0915	1210	332	0^L	E
	HQ MQ GQ SQ LQ QQ UA EQ VQ BA XQ NQ RQ OA			T2 --		
5. *MU1359	FA CC YA BQ HQ LQ MQ NQ RQ VQ	PEKCAN 0915	1210	332	0^L	E
> CZ3196	TQ QA WQ KQ			T2 --		
6. *MU1355	FA CL YA BA HQ LQ MQ NQ RQ VQ	PEKCAN 1015	1310	AB6	0^L	E
> CZ3162	TQ QA WQ KQ			T2 --		
7. CZ3162	FA AQ P5 YA TA KA HQ MQ GQ SQ	PEKCAN 1015	1310	AB6	0^L	E
>	LQ QQ UA EQ VQ BA XQ NA RA 02			T2 --		

**PLEASE CHECK YI: CZ/TZ144 FOR ET SELF-SERVICE CHECK-IN KIOS

输入指令：

> SD: 2Y1 ↙

系统显示：

```
1.王璐璐
2.CA1351   Y   FR27NOV   PEKCAN DK1   0730   1030   757 S   0   R   E   T3--
3.SIA/T SIA TEST ABCDEFG
4.SIA999
```

说明：

CA1351 Y：“CA”是承运航空公司，“1351”是航班号，“Y”指舱位为 Y 舱。

FR27NOV：航班起飞日期为周五，11 月 27 日。

PEKCAN：行程为北京到广州（北京首都国际机场到广州白云国际机场）。

DK1：状态代码为 DK，有可销售座位的预订，数量为 1 个。

0730 1030：起飞时间为 07：30，到达时间为 10：30。

757：机型为 757。

S：有小食。

0：无经停。

R：可以预留机上座位。

E：支持电子票。

T3：出港在 T3 航站楼。

--：到港无特殊航站楼提示。

2. 直接建立

直接建立航段是在工作人员知道待订航班的所有信息（如航班号、日期、舱位、座位数及起飞时间）的情况下建立起来的（间接建立则需要先将航班信息提取出来，再根据旅客的需要选择适当的班次）。

（1）指令格式

> SS：航班号/舱位/日期/航段/行动代码/定座数/起飞时间 到达时间 ↙

（2）指令说明

① 行动代码可省略，默认为 NN 申请。

② 定座数为定妥座位的数量，与旅客数要一致。

③ 起飞、到达时间：可省略（个别航空公司因连接模式不同，省略可能会使航段没有时间显示）。

（3）应用举例

建立 11 月 27 日从北京至广州，起飞时间为 07：30，到达时间为 10：30，航班号为 CA1315，舱位为 Y 舱的航班组信息。

输入指令：

＞ SS: CA1315/Y/27NOV/PEKCAN/1/0730 1030 ↙

系统显示：

```
1.CA1351   Y    FR27NOV   PEKCAN DK1     0730   1030            757 S   0    R   E   T3--
2.SIA/T SIA TEST ABCDEFG
3.SIA999
```

（三）建立联系组

联系组记录旅客的联系信息，便于航空公司与旅客之间的联系。

1. 指令格式

＞ CT: 城市/自由格式文本 旅客标识 ↙

2. 应用举例

北京旅客王璐璐的联系电话为 15829989888，为其建立联系组。

输入指令：

＞ CT: PEK/15829989888 ↙

系统显示：

```
1.王璐璐
2.CA1351   Y    FR27NOV   PEKCAN DK1     0730   1030            757 S   0    R   E   T3--
3.SIA/T SIA TEST ABCDEFG
4.PEK/15829989888
5.SIA999
```

（四）建立出票组

出票组注明旅客的出票情况，已出票的将给出客票号，未出票的则写明具体出票的时限。到达出票时限时，计算机系统向相应部门拍发电报，提示工作人员出票，否则会被航空公司取消。

1. 指令格式

＞ TK: T/票号 ↙

＞ TK: TL/时间/日期/单位 ↙

2. 指令说明

（1）T 为已出票，TL 为出票时间限定。

（2）时间、日期为出票时间限定日期，出票时限可以根据该票价的限制条款而定。

（3）单位为指定计划出票单位。

3. 应用举例

（1）已出票

输入指令：

＞ TK: T/123456789000 ↙

系统显示：

```
1.SIA/T SIA TEST ABCDEFG
2.T/123456789000
3.SIA999
```

说明：

已经出票，票号为 123456789000。

（2）未出票

未出票时可在 PNR 里输入出票时限，出票时限确定好后，系统会将提示信息发送到工作信箱，提示工作人员及时出票。

输入指令：

＞ TK: TL/1200/26NOV/SIA999 ↙

系统显示：

```
1.王璐璐
2.CA1351   Y   FR27NOV   PEKCAN DK1   0730   1030        757 S   0   R   E   T3--
3.SIA/T SIA TEST ABCDEFG
4.PEK/15829989888
5.TL/1200/26NOV/SIA999
6.SIA999
```

说明：

未出票，出票时限为 11 月 26 日 12：00。

（五）建立特殊服务组

对于一些与旅客相关的特别服务申请，是通过建立特殊服务组备注来实现的，如旅客身份信息输入、国际航段护照信息输入、常旅客信息输入以及特殊服务申请等。

1. 身份信息输入

定座记录中必须包含旅客的身份信息，否则旅客将不能在机场办理值机手续，从而影响旅客正常登机。

（1）指令格式

> SSR: FOID 航空公司代码 HK/NI 证件号 /Pn ↙

（2）指令说明

FOID：身份信息。

航空公司代码：若输入 YY，系统会根据 PNR 中航段自动套用代码。

HK：状态代码，固定格式。

NI：身份证。

Pn：旅客标识。每位旅客只能输入一个身份信息。

（3）应用举例

为旅客王璐璐输入身份证号 110102198603020145。

输入指令：

> SSR: FOID YY HK/NI 110102198603020145 /P1 ↙

系统显示：

```
1.王璐璐
2.CA1351   Y    FR27NOV   PEKCAN DK1     0730   1030              E   T3--
3.SIA/T SIA TEST ABCDEFG
4.PEK/15829989888
5.TL/1200/26NOV/SIA999
6.SSR FOID CA HK1 NI110102198603020145 /P1
7.SIA999
```

2. 特殊服务申请

特殊服务申请主要包括特殊餐食申请、儿童申请、婴儿申请等。

（1）特殊餐食申请

有的旅客因为个人饮食习惯或宗教信仰，对餐食有特殊的要求，需要在定座时进行标注。

① 指令格式：

> SSR: 餐食代码 航空公司代码 NN1/城市对 航班号 舱位 航班起飞日期/文本/Pn/Sn ↙

② 指令说明：

航空公司代码：若输入 YY，系统会根据 PNR 中航段自动套用代码。

NN1：申请代码与数量，固定格式。

城市对 航班号 舱位 航班起飞日期：可以省略，在最后再以 Sn 的方式指定订单中的航段序号。

Pn：成人旅客序号。

Sn：航段序号。

部分特殊餐食代码如表 2-6 所示。

表 2-6　特殊餐食代码

特殊餐食代码	释义	特殊餐食代码	释义
SPML	特殊餐食	DBML	糖尿病餐食
CHML	儿童餐食	VGML	素食
BBML	婴儿/幼儿餐食	LPML	低蛋白质餐食
AVML	亚洲素食	NSML	无盐餐食
MOML	穆斯林餐食	NLML	无乳糖餐食

③ 应用举例：

为旅客王璐璐申请一份穆斯林餐食。

输入指令：

＞ SSR: MOML YY NN1 P1/S2 ↙

系统显示：

```
1.王璐璐  Y4D7X
2.CA1351   Y   FR27NOV   PEKCAN DK1     0730   1030            E   T3--
3.SIA/T SIA TEST ABCDEFG
4.PEK/15829989888
5.TL/1200/26NOV/SIA999
6.SSR FOID CA HK1 NI110102198603020145 /P1
7.SSR MOML CA NN1 PEKCAN 1351 Y 27NOV P1
8.SIA999
```

（2）儿童申请

在为儿童旅客（有成人陪伴儿童和无成人陪伴儿童）建立定座记录时，需要进行儿童申请。

① 有成人陪伴儿童

指令格式：

＞ SSR: CHLD 航空公司代码 NN1 儿童出生日期 /Pn ↙

指令说明：

CHLD：有成人陪伴儿童申请。

航空公司代码：若输入 YY，系统会根据 PNR 中航段自动套用代码。

NN1：申请代码与数量，固定格式。

Pn：成人旅客序号。

Sn：航段序号。

应用举例：

前项显示：

```
1.张欢 CHD 2.张敏  YERB6
3.MU2101    Y    MO18JUL    XIYPEK HK2      0800    0955                E    T2T2
4.SIA/T SIA TEST ABCDEFG
5.XIY/18529989888
6.TL/1200/16JUL/SIA999
7.SSR ADTK 1E BY SIA15JUL21/0800 OR CXL MU2101 Y 18JUL
8.SIA999
```

说明：

序号 7 内容表示，必须在 7 月 15 日早 8 时之前出票，否则将会从 MU2101 航班中删除座位。

输入指令：

> SSR: CHLD YY NN1 12JUL18 /P1 ↙

系统显示：

```
1.张欢 CHD 2.张敏  YERB6
3.MU2101    Y    MO18JUL    XIYPEK HK2      0800    0955                E    T2T2
4.SIA/T SIA TEST ABCDEFG
5.XIY/18529989888
6.TL/1200/16JUL/SIA999
7.SSR ADTK 1E BY SIA15JUL21/0800 OR CXL MU2101 Y 18JUL
8.SSR CHLD YY HK1 12JUL18 /P1
9.SIA999
```

② 无成人陪伴儿童

指令格式：

> SSR: UMNR 航空公司代码 NN1/城市对 航班号 舱位 航班起飞日期/文本 /Pn/Sn ↙

指令说明：

UMNR：无成人陪伴儿童申请。

航空公司代码：若输入 YY，系统会根据 PNR 中航段自动套用代码。

NN1：申请代码与数量，固定格式。

城市对 航班号 舱位 航班起飞日期：可省略，以 Sn 方式指定订单中的航段序号。

文本：自由文本。

Pn：成人旅客序号。

Sn：航段序号。

应用举例：

前项显示：

```
1.张楠（UM8）
2.CZ6434  Y  MO18JUL  XIYDLC DK1   1505  1710          E  T1--
3.SIA/T SIA TEST ABCDEFG
4.XIY/15287654567
5.TL/1200/16JUL/SIA999
6.SSR UMNR YY NN1 UM8/P1
7.SIA999
```

说明：

序号 6 内容为输入无成人陪伴儿童姓名时系统自动生成。

输入指令：

> SSR: UMNR YY NN1 UM8/P1/S2 ↙

系统显示：

```
1.张楠（UM8）
2.CZ6434  Y  MO18JUL  XIYDLC DK1   1505  1710          E  T1--
3.SIA/T SIA TEST ABCDEFG
4.XIY/15287654567
5.TL/1200/16JUL/SIA999
6.SSR UMNR CZ NN1 XIYDLC 6434 Y 18JUL UM8/P1
7.SSR UMNR YY NN1 UM8/P1
8.SIA999
```

说明：

在输入无成人陪伴儿童姓名时加入无成人陪伴标识，系统会自动加入 SSR UMNR 项，但这个数据项不是标准格式，在航空公司有要求时，还需以标准格式输入。

（3）婴儿申请

中国民航承运出生满 14 天的婴儿，包括占座婴儿和不占座婴儿。其中，占座婴儿票价和儿童票价一致，但需要进行占座婴儿申请。

① 不占座婴儿

指令格式：

> SSR: INFT 航空公司代码 NN1 城市对 航班号 舱位 航班起飞日期 婴儿姓/婴儿

名 出生日期/文本/Pn/Sn ↙

指令说明：

INFT：婴儿座位申请。

航空公司代码：若输入 YY，系统会根据 PNR 中航段自动套用代码。

NN1：申请代码与数量，固定格式。

城市对 航班号 舱位 航班起飞日期：可省略，以 Sn 方式指定订单中的航段序号。

出生日期："日月年"格式，例如，2021 年 6 月 10 日出生，输入 10JUE21。

Pn：成人旅客序号。

Sn：航段序号。

应用举例：

前项显示：

```
1.刘梅  YH885
2.MU2167   Y    MO18JUL   XIYTAO HK1     0825   0955              E   T2--
3.SIA/T SIA TEST ABCDEFG
4.XIY/15245634567
5.TL/1200/16JUL/SIA999
6.OSI YY 1INF LIUXIAOMI/P1
7.XN/IN/刘小蜜  INF (JAN21) /P1
8.SIA999
```

说明：

序号 6 内容为不占座婴儿备注信息，由系统自动生成；序号 8 内容为不占座婴儿姓名和出生年月信息。

输入指令：

> SSR: INFT YY NN1 LIU/XIAOMI 20JAN21 /P1/S2 ↙

系统显示：

```
1.刘梅  YH885
2.MU2167   Y    MO18JUL   XIYTAO HK1     0825   0955              E   T2--
3.SIA/T SIA TEST ABCDEFG
4.XIY/15245634567
5.TL/1200/16JUL/SIA999
6.SSR INFT MU NN1 XIYTAO 2167 Y 18JUL LIU/XIAOMI 20JAN21 /P1
7.OSI YY 1INF LIUXIAOMI/P1
8.XN/IN/刘小蜜  INF (JAN21) /P1
9.SIA999
```

② 占座婴儿

占座婴儿通常被当作儿童对待。

指令格式：

＞ SSR: INFT 航空公司代码 NN1 城市对 航班号 舱位 航班起飞日期 出生日期 OCCUPYING SEAT/文本/Pn ↙

指令说明：

指令格式中各项参数与不占座婴儿指令格式相同。

应用举例：

前项显示：

```
1.张娟  2.张小蜜 CHD XEW87
3.MU5726    Y     MO18JUL    XIYKMG HK2      1105    1255              E    T2--
4.SIA/T SIA TEST ABCDEFG
5.XIY/18643678934
6.TL/1200/16JUL/SIA999
7.SSR ADTK 1E BY SIA15JUL21/1105 OR CXL MU5726 Y 18JUL
8.SIA999
```

说明：

序号 2 内容表示，张小蜜旅客是一名占座的婴儿，在定座记录中，需要对其进行占座婴儿的信息输入。

输入指令：

＞ SSR: INFT YY NN1 XIYKMG 5726 Y 18JUL 12DEC20 OCCUPYING SEAT/P2 ↙

系统显示：

```
1.张娟  2.张小蜜 CHD XEW87
3.MU5726    Y     MO18JUL    XIYKMG HK2      1105    1255              E    T2--
4.SIA/T SIA TEST ABCDEFG
5.XIY/18643678934
6.TL/1200/16JUL/SIA999
7.SSR ADTK 1E BY SIA15JUL21/1105 OR CXL MU5726 Y 18JUL
8.SSR INFT MU NN1 XIYKMG 5726 Y 18JUL 12DEC20 OCCUPYING SEAT/P2
9.SIA999
```

系统可以接收的其他特殊旅客代码见附表 2。

（六）建立其他服务组

其他服务组提供无需立即回答的服务情况。

1．指令格式

> OSI: 航空公司代码 文本/Pn ↙

2．指令说明

Pn：成人旅客序号。

OSI 项常见的服务类型代码见表 2-7。

表 2-7　OSI 项常见服务类型代码一览表

服务类型代码	释义	服务类型代码	释义
CHD	儿童	INF	婴儿
CIP	商务重要旅客	SEMN	海员
COUR	信使	SPON	特殊旅客
CTC	联系方式	TCP	完整团体人数
CTCA	联系地址	VIP	重要旅客
CTCP	联系电话	TKNO	票号

3．应用举例

旅客王璐璐是一名 VIP 旅客，需要在定座记录中做好备注。

输入指令：

> OSI: CA VIP/P1 ↙

系统显示：

```
1.王璐璐 Y4D7X
2.CA1351   Y    FR27NOV   PEKCAN DK1      0730   1030              E   T3--
3.SIA/T SIA TEST ABCDEFG
4.PEK/15829989888
5.TL/1200/26NOV/SIA999
6.SSR FOID CA HK1 NI110102198603020145 /P1
7.SSR SPML CA NN1 PEKCAN 1351 Y 27NOV NOSALT/P1
8.OSI CA VIP/P1
9.SIA999
```

说明：

OSI 输入的内容是说明性的，不需要立即确认；SSR 输入的内容多为服务申请，需要立即确认。

（七）自动计算票价

自动计算票价指令是为了简化客票销售人员查询票价、计算流程，减少出票过程中的人为操作失误，提高工作效率而设计开发。

1. 指令格式

成人票：> PAT: A

儿童票：> PAT: A*CH

婴儿票：> PAT: A*IN

2. 指令说明

输入指令后，系统可自动搜索最优可适用运价，并自动生成 FC（票价计算组）、FN（票价构成组）、FP（付款方式组）。

3. 应用举例

输入指令：

> PAT: A

系统显示：

```
FN/FCNY1700.00/SCNY1700.00/C0.00/XCNY190.00/TCNY50.00CN/ TCNY140.00YQ/ACNY1890.00   /P1
FP/CASH, CNY
```

说明：

（1）第一行中，“F”表示出票价格，若重新出票，则会改为“R”；“CNY”为货币种类中的人民币；“S”表示差价，一般来说，SCNY 与 FCNY 相同，若重新出票，则显示本次出票价与上次出票价的差价；“C”表示代理费；“X”表示总税款，即后面的 CN 与 YQ 之和；“T”表示税款，“CN”为民航发展基金，“YQ”为燃油附加费；“A”表示应收总额。

（2）第二行为付款方式及货币种类，如例中“CASH, CNY”表示用人民币现金支付。

（八）旅客定座记录生效

建立了姓名组、航段组、联系组、出票组等旅客定座记录后，就可以生成一个记录编码（PNR），也称为封口。

1. 指令格式

> @参数

2. 指令说明

@：PNR 生成指令，也可以用“\”代替。

参数有两种：

（1）I：当订单中有不连续的行程时，用 I 生成 PNR。

（2）K：当订单中有航班变化提示时，用 K 生成 PNR。

如果是正常订单，无需加任何参数。

（九）旅客定座系统的修改与删除

当旅客定座记录中出现了错误信息时，可以对其进行修改或删除。

1. 修改旅客姓名

（1）散客

① 指令格式

＞ 序号/1 姓名 ↙

② 指令说明

序号：定座记录中要修改的旅客序号。

1 姓名：一个新名字。

（2）团队

① 指令格式

＞ 序号/序号.../#G ↙

② 指令说明

团队定座记录中已输入旅客名单取消，保留座位。

序号/序号...：指定需要修改的旅客序号。

#：需要修改的旅客总数量。

G：将指定的旅客姓名替换为空，团队座位数不变。

团队具体旅客的姓名修改与散客一致。

2. 修改其他信息

要修改其他信息项，需要先将原记录删除，再输入新的信息。

（1）指令格式

＞ XE：序号 ↙

（2）指令说明

序号表示要修改的内容项的序号。

（3）应用举例

前项显示：

```
1.王璐璐 Y4D7X
2.CA1351  Y  FR27NOV  PEKCAN DK1  0730  1030    E  T3--
3.SIA/T SIA TEST ABCDEFG
4.PEK/15829989888
5.TL/1200/26NOV/SIA999
6.SSR FOID CA HK1 NI110102198603020145 /P1
7.SSR ADTK 1E BY SIA24NOV21/0730 OR CXL CA1351 Y 27NOV
8.SIA999
```

出票前，工作人员发现旅客身份证号后四位应为 0165，记录输入有误，需要修改。

输入指令：

＞ XE: 6 ↙

说明：

6 是旅客身份证信息在记录中的序号。

输入指令：

＞ SSR: FOID CA HK NI110102198603020165 /P1 ↙

封口后提取信息。

系统显示：

```
1.王璐璐  Y4D7X
2.CA1351   Y    FR27NOV   PEKCAN DK1     0730   1030              E   T3--
3.SIA/T SIA TEST ABCDEFG
4.PEK/15829989888
5.TL/1200/26NOV/SIA999
6.SSR FOID CA HK1 NI110102198603020165 /P1
7.SSR ADTK 1E BY SIA24NOV21/0730 OR CXL CA1351 Y 27NOV
8.SIA999
```

3．还原与确认旅客定座记录

针对旅客 PNR 的各种改动，有两种结束方式：确认改动和放弃改动。

（1）确认改动

同生成新记录一样，记录确认通过“@”或“@K/I”参数组合的方式完成。一次封口操作就是一次更新，在查看记录中的历史部分时，可以看到新的更新记录。

（2）放弃改动

若要放弃改动，直接输入“IG”，或省略输入“I”就可以了。当所有修改均放弃后，系统显示“NO PNR”，表示已经没有任何记录在处理中。

（3）指令说明

① 系统对记录修改确认分两次提醒，4 分钟内确认修改或封口，3 分钟内再次确认修改或封口。若超时，在确认时系统会提示记录已经超时，要求重新操作。

② 在有未结束的订单处理情况下是不能退出工作号的，此时系统会提示“PENDING”。

4．删除旅客定座记录

当不再需要某个记录时，需要删除 PNR，以释放出订单所占用的座位。值得注意的是，这种删除操作是不可恢复的，因此需谨慎操作。

（1）删除 PNR

删除 PNR 时，先将旅客定座记录提取出来，然后直接使用“XEPNR@”就可以删除掉 PNR，释放座位了。

例如，输入指令：

> RT Y4D7X ↙

> XEPNR@ ↙

指令说明：

Y4D7X 为前面生成的 PNR 值。

系统显示：

```
> XEPNR@
PNR CANCELLED YY87Z
```

（2）删除有订单处理未完成时的 PNR

在有多个订单同时操作的情况下进行删除记录的操作，系统会提示“NEED ES”，提醒有订单处理未结束，不能操作。此时可通过 IG 指令处理，当 IG 指令提示“NO PNR”时，表示已经没有未完成记录，这时再提取要删除的 PNR 进行删除操作即可。

五、出票

在完成定座后，就可以为旅客执行出票操作了。

（一）出票的一般操作

一般情况下，为旅客出票可按以下操作进行。

1. 指令格式

> ETDZ：打票机序号 ↙

2. 应用举例

接旅客王璐璐案例。

前项显示：

```
1.王璐璐 Y4D7X
2.CA1351   Y    FR27NOV   PEKCAN   HK1    0730   1030            E   T3--
3.SIA/T SIA TEST ABCDEFG
4.PEK/15829989888
5.TL/1200/26NOV/SIA999
6.FC/PEK CA CAN 1700.00Y CNY1700.00END/P1
7.SSR SEAT CA HK1 PEKCAN 1351 Y 27NOV 20LN/P1
8.SSR FOID CA HK1 NI110102198603020165 /P1
9.SSR SPML CA HN1 PEKCAN 1351 Y 27NOV NOSALT/P1
10.OSI CA VIP/P1
11.FN/FCNY1700.00/SCNY1700.00/C0.00/XCNY190.00/TCNY50.00CN/ TCNY140.00YQ/ACNY1890.00   /P1
```

```
12.FP/CASH, CNY
13.SIA999
```

输入指令：

> ETDZ: 1 ↙

系统显示：

```
CNY1890.00          Y4D7X
ELECTRONIC TICKET ISSUED
```

表示已出票成功，系统按顺序分配一个票号。

再次提取定座记录。

系统显示：

```
  **ELECTRONIC TICKET PNR**
1.王璐璐  Y4D7X
2.CA1351   Y    FR27NOV   PEKCAN RR1      0730   1030              E   T3--
3.SIA/T SIA TEST ABCDEFG
4.PEK/15829989888
5.T
6.SSR SEAT CA HK1 PEKCAN 1351 Y 27NOV 20LN/P1
7.SSR FOID CA HK1 NI110102198603020165 /P1
8.SSR SPML CA HN1 PEKCAN 1351 Y 27NOV NOSALT/P1
9.SSR TKNE CA HK1 PEKCAN 1351 Y 27NOV 9998654789234/1/P1
10.OSI CA VIP/P1
11.FN/FCNY1700.00/SCNY1700.00/C0.00/XCNY190.00/TCNY50.00CN/ TCNY140.00YQ/ACNY1890.00   /P1
12.TN/999-8654789234/P1
13.FP/CASH, CNY
14.SIA999
```

说明：

（1）序号 5 为出票项，表示已出票。

（2）序号 9 和序号 12 为票号信息项。票号由 13 位数字组成，其中，前三位数字为航空公司结算代码，后十位由航协分配。国内部分航空公司结算代码见附表 3。

（3）出票后，系统会自动在记录中添加票号项和已出票标识。

（4）如果一个记录中有多名旅客，而只需为其中一名旅客出票，就需要在指令后面加上旅客的信息序号。如 ETDZ: 1/P1，表示为记录中的第一名旅客出票。

（二）出票重试

因种种原因，有时会导致无出票成功的提示或出现“ELECTRONIC TICKET TRANSACTION TIMEOUT”提示，此时，需要使用出票重试指令重新出票。

1. 指令格式

> ETRY: ↙

2. 应用举例

系统显示：

```
CNY5170.00              QPW0T
999-0987654321
ET PROCESSING . . . PLEASE WAIT!


153 ERROR
```

说明：

以上信息表示出票失败，系统提示“153 ERROR”。

输入指令：

> ETRY: ↙

重新提取记录。

系统显示：

```
  **ELECTRONIC TICKET PNR**
1.测试 QPW0T
2.CA1883   Y   FR27NOV   PEKPVG   DK1    0720   0930          E   T3--
3.85018501
4.T
5.SSR FOID CA HK1 NI570202197503010145 /P1
6.SSR TKNE CA HN1 PEKPVG 1883 Y 27NOV 9990987654321/1/P1
7.FN/FCNY1130.00/SCNY1130.00/C0.00/XCNY50.00/TCNY50.00CN/ TEXEMPTYQ/ACNY1180.00
8.TN/999-0987654321/P1
9.FP/CASH, CNY
10.PEK099
```

说明：

重试成功之后，提取记录查看，会出现“**ELECTRONIC TICKET PNR**”的标识，SSR TKNE 项也显示正常。

对于出票失败的电子客票，需要当天使用 ETRY 指令来解决，过时将不能再使用 ETRY 指令来重试出票。对于出票失败的票号，系统会按照作废票号来结算。

政策引领

关于《公共航空运输旅客服务管理规定》中“客票销售”的政策解读

2021 年 3 月 3 日，交通运输部正式颁布《公共航空运输旅客服务管理规定》（以下简称《规定》），并于 2021 年 9 月 1 日起开始实施。

客票销售环节是旅客体验民航服务的第一接触点。《规定》对承运人客票销售环节的告知义务进行了明确，充分保护旅客知情权。特别是针对网络购票环境，《规定》要求承运人或者其航空销售代理人要在旅客购票时，明确告知航班信息、运输总条件、客票使用条件、餐食情况、行李运输规定等主要服务信息；出票后还要将客票有效期、出行提示信息、获取运输总条件的方式等重要信息告知旅客。具体内容如下：

第十五条　承运人或者其航空销售代理人通过网络途径销售客票的，应当以显著方式告知购票人所选航班的主要服务信息，至少应当包括：

（一）承运人名称，包括缔约承运人和实际承运人；

（二）航班始发地、经停地、目的地的机场及其航站楼；

（三）航班号、航班日期、舱位等级、计划出港和到港时间；

（四）同时预订两个及以上航班时，应当明确是否为联程航班；

（五）该航班适用的票价以及客票使用条件，包括客票变更规则和退票规则等；

（六）该航班是否提供餐食；

（七）按照国家规定收取的税、费；

（八）该航班适用的行李运输规定，包括行李尺寸、重量、免费行李额等。

承运人或者其航空销售代理人通过售票处或者电话等其他方式销售客票的，应当告知购票人前款信息或者获取前款信息的途径。

第十六条　承运人或者其航空销售代理人通过网络途径销售客票的，应当将运输总条件的全部内容纳入到旅客购票时的必读内容，以必选项的形式确保购票人在购票环节阅知。

承运人或者其航空销售代理人通过售票处或者电话等其他方式销售客票的，应当提示购票人阅读运输总条件并告知阅读运输总条件的途径。

第十七条　承运人或者其航空销售代理人在销售国际客票时，应当提示旅客自行查阅航班始发地、经停地或者目的地国的出入境相关规定。

第十八条　购票人应当向承运人或者其航空销售代理人提供国家规定的必要个人信息以及旅客真实有效的联系方式。

第十九条　承运人或者其航空销售代理人在销售客票时，应当将购票人提供的旅客联系方式等必要个人信息准确录入旅客定座系统。

第二十条　承运人或者其航空销售代理人出票后，应当以电子或者纸质等书面方式告知旅客涉及行程的重要内容，至少应当包括：

（一）本规定第十五条第一款所列信息；

（二）旅客姓名；

（三）票号或者合同号以及客票有效期；

（四）出行提示信息，包括航班始发地停止办理乘机登记手续的时间要求、禁止或者限制携带的物品等；

（五）免费获取所适用运输总条件的方式。

第二十一条　承运人、航空销售代理人、航空销售网络平台经营者、航空信息企业应当保存客票销售相关信息，并确保信息的完整性、保密性、可用性。

前款规定的信息保存时间自交易完成之日起不少于 3 年。法律、行政法规另有规定的，依照其规定。

六、退出系统

当工作人员结束工作时，应使用 SO 指令退出系统。

指令格式：

> SO: ↙

系统显示：

SIA998 57585 SIGNED OUT A

说明：

表示 SIA998 部门工作号为 57585 的售票人员已退出 A 工作区并退出系统。

退出系统出错信息提示及释义如表 2-8 所示。

表 2-8　退出系统出错信息提示及释义

出错信息提示	释义
PENDING	表示有未完成的旅客定座记录，在退出前必须完成或放弃
TICKET PRINTER IN USE	表示未退出打票机的控制，应先使用指令 XC 退出打票机的控制后，方可退出系统
QUEUE PENDING	表示未处理完邮箱中的 QUEUE，先退出邮箱，才能退出系统
PROFILE PENDING	表示有未处理完成的旅客定座

任务实施

建立旅客定座记录

情景一： 冯明是成都的一名职员，9 月 23 日，领导通知他前往上海参加 9 月 24 日 14：00 的展览会，冯明决定于 9 月 24 日乘飞机前往上海。请为冯明预定一张 9 月 24 日成都至上海的经济舱客票。

情景二： 李红决定于 2021 年 4 月 28 日带女儿王晓红（2019 年 1 月 25 日）前往深圳游玩，请为李红和王晓红预定 2021 年 4 月 28 日上海至深圳的经济舱客票。

情景三： 赵小勇是一位素食主义者，他计划于 11 月 27 日从上海前往海南参加会议。请为赵小勇预定一张 11 月 27 日上海至海南的公务舱客票，并备注餐食情况。

请同学们结合所学知识，根据情景内容，在模拟系统中为旅客建立定座记录。

任务评价

请评价人员根据表 2-9 对上述任务实施情况进行评价。

表 2-9　任务实施评价表

评价标准	分值	自评	互评	师评
能够熟练登录和退出系统	10			
能够熟练查询航班信息	20			
能够根据旅客要求选择合适航班	20			
能够按照旅客具体情况熟练建立旅客定座记录	40			
能够熟练进行出票操作	10			
合计	100			
总评（自评×20%+互评×20%+师评×60%）				

任务四 处理客票特殊情况

任务清单

请根据任务清单完成课前预习、课中学习和课后复习，完成后在对应的方框内打“ √ ”。

课前预习	□	阅读知识讲解内容，了解客票特殊情况有哪些
	□	查找客票特殊情况处理的相关政策
	□	查找客票特殊情况相关资讯，了解各航空公司的处理方法
课中学习	□	熟悉客票变更的分类、处理办法
	□	熟悉退票的分类、处理办法
	□	熟悉客票签转的分类、处理办法
课后复习	□	完成任务实施，深化对课上所学知识的掌握和应用
	□	登录航空公司官网，了解各航空公司处理客票特殊情况的具体规定
	□	回顾本任务所学知识，总结知识重点、难点，建立知识脉络体系

任务导入

自2020年1月新冠疫情集中暴发以来，中国民用航空局为落实国务院相关要求，最大限度减少旅客出行，降低旅客感染病毒风险，至2020年2月10日，先后4次发布有关客票免费退改的通知，通过政策引导航空公司做好降低客流量工作。免费退票政策实行以来，截至2020年2月10日，国内外航空公司共办理免费退票1 900多万张，涉及票面总金额超过200亿元。

请思考

旅客退票分为哪几种类型？客票特殊情况还有哪些？新冠疫情期间民航局发布的免费退票政策会产生哪些影响？

知识讲解

一、客票变更

旅客购买定期客票后，因个人或航空公司原因而变更乘机日期、航班、航程、舱位或换乘机人的行为，称为客票变更。按照变更原因的不同，客票变更分为旅客自愿变更和旅客非自愿变更。

（一）旅客自愿变更

旅客购票后，因其自身原因而主动向承运人提出改变原机票上所列明的航班、日期等要求的行为，称为旅客自愿变更。旅客自愿变更客票的，承运人或者航空销售代理人应当按照所适用的运输总条件、客票使用条件办理。

（二）旅客非自愿变更

旅客非自愿变更是指旅客购票后，由于天气、空中交通管制、飞机机务故障、承运人调度失误等无法控制或不能预见的原因导致航班取消、提前、延误，或航程改变、衔接错失，或不能为旅客提供原已证实的座位，旅客要求变更航班或日期的行为。

由承运人原因导致旅客非自愿变更客票的，承运人或者其航空销售代理人应当在有可利用座位或者被签转承运人同意的情况下，为旅客办理改期或者签转，不得向旅客收取客票变更费用。若旅客不同意所更改的信息，则承运人为其免费办理退票手续。

在联程航班中，因其中一个或者几个航段变更导致旅客无法按照约定时间完成整个行程的，承运人或者其航空销售代理人应当协助旅客到达最终目的地或者中途分程地。

由承运人原因造成旅客舱位等级变更时，票款的差额多退少不补，如普通舱改为头等舱，不再收取差额；头等舱改为普通舱，应退还票价差额。

二、客票签转

旅客购票后，改变原客票的指定承运人的行为，称为客票签转。按照签转原因的不同，客票签转分为旅客自愿签转和旅客非自愿签转。

（一）旅客自愿签转

自愿签转是指因旅客自身原因，向原承运人提出改变承运人要求的行为。航空公司根据旅客所持客票的适用条件办理客票签转手续，但客票签转一般限于与原承运人有结算协议的承运航空公司之间进行。若客票上注明“不得签转”“NO-END”或“NON-ENDORSABLE”，则该客票不得签转；若未注明上述字样，在征得原承运人或出票承运人同意后，在新承运人航班座位允许的条件下予以签转，并按照差价多不退少补。若不满足签转条件而旅客又坚持要求签转的，一律按自愿退票相关规定办理。客票签转后，对原已定妥的续航程段座位，由签转客票承运人负责取消。销售代理人未经授权不得办理签转手续。

（二）旅客非自愿签转

旅客非自愿签转是指因航班延误、天气恶劣、飞机故障等非旅客主观原因，旅客向原承运人提出改变承运人要求的行为。原承运人应积极协调相关部门尽快协助旅客处理，在征得有关承运人的同意后办理签转手续。原承运人有责任和义务保障旅客及时到达原客票标明的目的地。由原承运人原因造成的旅客非自愿签转，票款的差额多退少不补。若旅客不同意签转，则为旅客免费办理退票手续。

三、退票

旅客购票后，因旅客或承运人原因，不能在客票有效期内完成部分或全部航程，而要求退还部分或全部未使用航段票款的行为，称为退票。

（一）退票种类

1．旅客自愿退票

旅客自愿退票是指因旅客自身原因，未能按照运输合同（客票）完成全部或部分航空运输，在客票有效期内要求的退票。旅客自愿退票的，承运人或者其航空销售代理人应当按照各承运人所适用的运输总条件、客票使用条件办理。

2．旅客非自愿退票

旅客非自愿退票是指因航班取消、提前、延误，航程改变，舱位等级变更或承运人无法运行原航班等情形，导致旅客退票的情况。由承运人原因导致旅客非自愿退票的，承运人或者其航空销售代理人不得收取退票费。在联程航班中，旅客非自愿退票的，承运人或者其航空销售代理人不得收取退票费。

3．旅客因病退票

旅客因病退票是指旅客因个人身体原因未能全部或部分完成机票中所列明的航程而引发的退票。由非承运人原因导致旅客非自愿变更客票的，承运人或者航空销售代理人应当按照各航空公司所适用的运输总条件、客票使用条件办理。患病旅客及其家属可根据航空公司规定出示相关证明文件办理退票手续。

（二）退票时限

旅客要求退票，应在客票有效期内提出，票款只能退给客票上列明的旅客本人或客票的付款人。承运人或其航空销售代理人应当在收到旅客有效退款申请之日起 7 个工作日内（不含金融机构处理时间）办理完成退款手续。

（三）退票地点

一般来说，旅客在出票地要求退票，应在原购票地点办理退票手续。旅客非自愿退票，可在原购票地，航班始发地、经停地、终止旅行地的承运人直属售票处或引起非自愿退票事件发生地的承运人授权销售代理人处办理。通过网络购票的旅客，则可在购票网站或手机应用软件上按照退票操作流程进行退票申请。具体退票地点相关规定应根据各航空公司规定执行。

民航互动营

请同学们查询各航空公司客票变更、签转和退票的具体规定，并比较有哪些不同之处。

政策引领

关于《公共航空运输旅客服务管理规定》中“客票变更与退票”的政策解读

民航票务服务是旅客关注的焦点之一。为避免承运人滥用强势地位，保护旅客合法权益，《规定》按照旅客“自愿”和“非自愿”两种情况，分别对不同情形下的客票变更与退票工作提出了原则性要求。明确旅客非自愿退票和因承运人原因导致旅客非自愿变更客票的，不得收取退票费和变更费。同时，针对民航退款速度慢的突出问题，增加了关于退款时限的规定，要求承运人或者其航空销售代理人在收到旅客有效退款申请之日起 7 个工作日内办理完成退款手续。具体内容如下：

第二十二条　客票变更，包括旅客自愿变更客票和旅客非自愿变更客票。

退票，包括旅客自愿退票和旅客非自愿退票。

第二十三条　旅客自愿变更客票或者自愿退票的，承运人或者其航空销售代理人应当按照所适用的运输总条件、客票使用条件办理。

第二十四条　由于承运人原因导致旅客非自愿变更客票的，承运人或者其航空销售代理人应当在有可利用座位或者被签转承运人同意的情况下，为旅客办理改期或者签转，不得向旅客收取客票变更费。

由于非承运人原因导致旅客非自愿变更客票的，承运人或者其航空销售代理人应当按照所适用的运输总条件、客票使用条件办理。

第二十五条　旅客非自愿退票的，承运人或者其航空销售代理人不得收取退票费。

第二十六条　承运人或者其航空销售代理人应当在收到旅客有效退款申请之日起 7 个工作日内办理完成退款手续，上述时间不含金融机构处理时间。

第二十七条　在联程航班中，因其中一个或者几个航段变更，导致旅客无法按照约定时间完成整个行程的，缔约承运人或者其航空销售代理人应当协助旅客到达最终目的地或者中途分程地。

在联程航班中，旅客非自愿变更客票的，按照本规定第二十四条办理；旅客非自愿退票的，按照本规定第二十五条办理。

任务实施

处理旅客客票特殊情况

案例一：周先生于 3 月 19 日上午 10：40 购买了 3 月 24 日 10：30 长沙至厦门的客票，但因故不能成行，需要改签到 3 月 25 日。3 月 20 日 10：00，周先生到机场办理改签手续。

案例二：郑女士购买了 4 月 5 日 15：25 重庆至南昌的客票，但随后郑女士收到航空公司通知：航班因故取消，客票可改签至 4 月 7 日或签转。由于郑女士必须要在 4 月 5 日到达南昌，所以郑女士要求航空公司为其办理客票签转。

案例三：王先生购买了 6 月 27 日 11：00 福州至西安的客票，但因当日暴雨，航班延误，王先生查询天气预报得知强降雨可能要持续 2 天，于是王先生决定退票后改乘其他交通方式前往西安。

查询任意一家航空公司运输总规则，根据其客票变更、签转、退票的具体规定，结合所学知识，对上述 3 个案例进行处理。

任务评价

请评价人员根据表 2-10 对上述任务实施情况进行评价。

表 2-10　任务实施评价表

评价标准	分值	自评	互评	师评
能够根据旅客实际情况正确处理客票变更	30			
能够根据旅客实际情况正确处理客票签转	30			
能够根据旅客实际情况正确处理退票	30			
处理方式既符合相关规定，又能体现“旅客至上”的真情服务意识	10			
合计	100			
总评（自评×20%+互评×20%+师评×60%）				

项目学习效果综合测试

一、不定项选择题

1. 根据票本保存形式的不同，客票可分为（　　）。

A. 纸质客票　　B. 打印客票　　C. 电子客票　　D. 手写客票

2. 客票自旅行开始之日起（　　）运输有效。

A. 半年内　　B. 一年内　　C. 两年内　　D. 一个月内

3. 下列属于乘机时可使用的有效身份证件的是（　　）。

A. 有效护照　　B. 居民身份证　　C. 学生证　　D. 文职干部证

4. 婴儿旅客是指开始运输之日起年龄未满（　　）的旅客。

A. 一周岁　　B. 三周岁　　C. 两周岁　　D. 五周岁

5. 能够进入航空公司定座系统的操作指令是（　　）。

A. $ PID TIPB　　B. $$ OPEN TIPB

C. $$ DA TIPC3　　D. $$ OPEN TIPC3

6. 要退出定座系统时，应输入的指令是（　　）。

A. AO　　B. JI　　C. SO　　D. JO

7. 以下可用于查询航班班期的指令是（　　）。

A. DK　　B. KS　　C. SK　　D. LD

8. 以下可用于查询航班座位可利用情况的指令是（　　）。

A. OV　　B. RV　　C. VV　　D. AV

9. 以下可用于旅客定座记录姓名组建立的指令是（　　）。

A. NM　　B. XN　　C. MN　　D. NX

10. 以下可用于旅客定座记录航段组建立的指令是（　　）。

A. SN　　B. SD　　C. SS　　D. CN

11. 以下可用于旅客定座记录联系组建立的指令是（　　）。

A. CT　　B. CD　　C. JD　　D. RD

12. 以下可用于旅客定座记录出票组建立的指令是（　　）。

A. TR　　B. FK　　C. KT　　D. TK

13. 以下可用于旅客定座记录特殊服务组建立的指令是（　　）。

A. SSR　　B. RSS　　C. UNR　　D. FND

14. 以下可用于旅客定座记录修改确认的指令是（　　）。

A. @　　B. #　　C. *　　D. &

15. 以下可用于出票的指令是（　　）。

A. ED　　B. XE　　C. ETDZ　　D. ZTDN

16. 若出票不成功，可用于出票重试的指令是（　　）。

A. ETDZ　　B. ETRY　　C. ZTDN　　D. TI

二、实践题

1. 登录模拟 ICS，完成以下操作：

（1）查询 10 月 1 日前后三天北京到广州的航班班期情况。

（2）查询 8 月 15 日成都到广州的航班座位可利用情况。

（3）为旅客李丽预订 10 月 12 日上午武汉至上海的经济舱客票。

（4）旅客陈闻打算带 2019 年 9 月 15 日出生的儿子陈好乘坐飞机从北京去乌鲁木齐游玩，请为他们预订 8 月 17 日的公务舱客票。

2．阅读以下情景，完成票价计算，并写出计算过程。

【情景一】一位爸爸要带 2019 年 12 月 1 日出生的双胞胎女儿从上海去北京，欲购买 2022 年 5 月 1 日的经济舱客票。已知经济舱成人全票价为 1 100 元且不打折，这位爸爸需要支付的费用是多少？

【情景二】一对夫妻带 2021 年 11 月 20 日出生的双胞胎女儿从上海去北京，欲购买 2022 年 3 月 4 日的经济舱客票。已知经济舱成人全票价为 1 100 元并打八折，这对夫妻需要支付的总费用是多少？

3．【情景】一旅客在代理售票处购买了 9 月 30 日某航空公司哈尔滨—北京的客票，计划早 08：25 起飞。但他当日早上因事不能出行决定退票，于是于 06：12 拨打售票处订票服务电话办理，但无人接听。直到 07：50，才有人接听，但被告知要收取 20%的手续费。

按照该航空公司规定，航班起飞前 24 小时（不含）至 2 小时（含）退票收取 10%的手续费，航班起飞前 2 小时至起飞后退票收取 20%的手续费。该旅客表示，若 06：12 有人接听电话，按照规定只收取 10%的手续费，但因售票处工作失误导致自己被收取了 20%的手续费，于是决定向航空公司提起投诉。

请思考：若你是该航空公司工作人员，面对这位旅客的投诉，你将如何处理？

项目学习总结与思考

学习要点与难点（请以思维导图的形式列出）	
待（未）解决的问题	

表（续）

拟解决的方法	
已解决的问题	
经验总结	
学习心得	
思想感悟	

项目三 正常运输服务

项目导读

旅客在购买完成机票后，并不是在飞机起飞前直接前往机场候机厅等待登机，而是需要在规定的时间之前完成值机、安检等一系列手续，才能登上飞机，开始自己的旅程。

这一系列的手续办理不仅有既定的工作流程，还有许多的规定和限制，民航工作者只有熟练掌握运输服务知识，才可以提高工作效率，保证航班的安全和正常运行；才可以为旅客提供更高效、优质的服务，得到旅客对民航的认可与信任。

学习目标

知识目标

- 掌握值机工作流程、收运行李的相关规定和安检工作的内容。
- 熟悉导乘工作内容、接机与送机的工作流程和旅客中转服务流程。

技能目标

- 能够熟练地开展值机工作。
- 能够将所学知识真正用于实际工作中，严格执行行李运输规定。
- 能够熟练地严格开展安检工作。
- 能够耐心、细心地为旅客提供导乘服务。
- 能够熟练地进行接机与送机工作，并有效处理特殊情况。
- 能够根据旅客中转需求，熟练地为旅客提供中转服务。

素质目标

- 不断完善知识体系，不断精进业务水平，在为旅客提供更便捷、更完善的服务的同时，实现自己的职业价值和职业理想。
- 从“智慧民航”建设中体会国家科技发展和进步，树立民族自豪感和国家荣誉感。
- 从越来越便捷的乘机手续办理中，体会在中国共产党领导下的民航人始终坚守“我为群众办实事”的决心和信念。

任务一　值　机

任务清单

请根据任务清单完成课前预习、课中学习和课后复习，完成后在对应的方框内打“√”。

课前预习	□	查找值机相关资讯，了解值机相关前沿科技成果
	□	查找值机相关视频，了解值机工作内容和流程
课中学习	□	掌握值机前准备工作、旅客值机流程
	□	熟悉值机工作的内容、值机工作的意义、值机服务的时间规定、离港系统的操作
	□	了解值机柜台的种类、离港系统的概念
课后复习	□	完成任务实施，深化对课上所学知识的掌握和应用
	□	制作旅客值机流程科普视频，并发布于公共视频平台上
	□	回顾本任务所学知识，总结知识重点、难点，建立知识脉络体系

任务导入

北京大兴国际机场首场大型综合演练中，东航“人脸识别自助值机”开始启用，这是东航在大兴机场倾力打造“智慧出行服务平台”的一个组成部分，将为旅客带来前所未有的航空出行体验。“人脸识别自助值机”把人脸识别技术与自助值机系统完美融合，旅客在办理登机牌的时候，屏幕会显示旅客办理的影像，旅客可进行人脸识别认证，无需出示任何身份证件即可完成“扫脸办票”。如果旅客的面部人像信息未进入系统数据库，自助值机设备还会询问、提示旅客是否进行面部肖像采集，一经录入，旅客今后自助值机将更方便，更快捷。

请思考

什么是值机？值机的流程是什么？“人脸识别自助值机”有哪些优点？

知识讲解

一、值机工作概述

（一）值机工作的内容

值机是为旅客办理乘机手续、接收旅客托运行李等旅客运输服务工作的总称，如图 3-1 所示。其具体工作内容包括办理乘机手续、办理行李托运、查验旅客机票和身份证件、回答问讯、特殊旅客保障服务、拍发业务电报等。值机是民航旅客地面服务的一个重要组成部分，是民航运输生产的一个关键性环节。

扫一扫

值机

图 3-1　值机

（二）值机工作的意义

1．值机工作人员自身的素质影响旅客对航空公司的认知

值机工作人员的精神面貌、形象仪表、业务水平、服务态度等直接影响航空公司的公众形象和商业信誉，影响旅客对航空公司的认知。工作人员整洁大方的仪表、热情周到的服务态度会使旅客对航空公司产生良好的第一印象，工作人员丰富的专业知识、娴熟的业务技能往往能增强旅客对航空公司的信任感和安全感。旅客对航空公司的认知和评价会直接影响旅客自身对航空公司的忠诚度和其他旅客对航空公司的选择，进而直接影响航空公司的市场竞争能力。因此，航空公司之间的竞争归根结底是服务的竞争，赢得了旅客的心就意味着获得了更多的市场份额。

2．值机工作的好坏影响航空运输的快速性

速度快是航空运输的主要优势之一。航空运输的快速性不仅要依靠飞机及飞行技术的

支持，还要靠航班准点起飞、及时中转、按期到达来保证。在竞争激烈的现代民航运输业，航班的正点率日益成为影响旅客对航空公司认知度和航空公司竞争力的重要因素，而如果值机环节发生差错，航班的正点率就会受到严重影响，航空运输的快速性就不能保证。比如，值机员在办理乘机手续时，若没有仔细检查旅客的客票，导致旅客错乘，可能会导致航班延误；若值机员没有仔细检查旅客的行李，导致危险品被带上飞机，可能会造成航班返航；等等。因此，良好的值机工作是发挥航空运输快速性的必要条件之一。

3．值机工作的好坏影响飞行安全

（1）值机报载的准确性影响配载的准确性，进而影响飞行安全

值机员办完一个航班以后，要向配载部门报载。如果值机员对旅客的人数、行李的件数和重量统计不准确，就有可能造成航班载量不均衡以及航班配载后的重心偏前或偏后，从而会对飞机的起降造成危险，也会影响飞机升空以后的操纵。如果航班超载，情况更是不堪设想。

（2）对乘机人员、行李把关不严会影响航班安全

值机员是乘机人员和行李检查的第一道关口，在办理乘机手续时，应认真检查旅客的身份证件，防止假冒旅客，特别是公安部门通缉的罪犯登上飞机。除此之外，值机员还要注意观察旅客的言行举止，防止精神病患者、酒醉旅客登机。对于旅客托运的行李，值机员一方面应注意检查行李的包装是否符合要求，另一方面要配合安检人员对行李内物品进行检查，防止旅客夹带危险品蒙混过关，影响飞行安全。

（三）值机服务的时间规定

旅客应当在承运人规定的时限内到达机场，凭本人有效身份证件按时办理值机手续。这是为了保证旅客值机手续的顺利办理，以及对旅客托运的行李进行有效的分拣。目前，国内大部分机场已经实行开放式值机，对旅客当天到达机场开始办理值机手续的时间已无明确限制，但为了保证旅客的正常登机及航班正点起飞，一般要求航班起飞前 30 分钟（或航空公司规定的其他时间）停止办理旅客值机手续。

（四）值机柜台的种类

1．普通旅客柜台

普通旅客柜台可为选择该航空公司的任何旅客办理值机手续。

2．值班主任柜台

值班主任柜台主要处理值机服务过程中出现的各种异常情况，并协调处理各柜台工作有序进行。

3．会员柜台

会员柜台为 VIP 旅客、头等舱旅客、持有航空公司会员卡（一般为中、高级）的旅客办理值机手续，旅客在此柜台可享受便捷或无缝隙的一条龙服务。

4. 特殊旅客服务柜台

特殊旅客柜台专门为晚到旅客、有特殊需要的旅客（无成人陪伴儿童旅客、轮椅旅客、担架旅客等）提供方便、快捷、舒适的服务，并尽可能满足每位旅客的特殊需求。但晚到旅客应在保证不影响航班正常运行的情况下才可办理值机手续。

最美民航人

平凡岗位上的守护天使

身着防护服，春秋航空地面服务部浦东航站的值机员孙瑞英一直坚守在疫情防控的最前线，虽然工作时间不长，"集赞"却很多。仅是疫情期间，在宁波、石家庄支援的 5 个月里，她就收到了 5 封旅客感谢信和一面锦旗。

新冠疫情期间，一直运行着国际航线的上海浦东国际机场成了守护国门的一道防线。作为一名值机员，孙瑞英一直冲锋在前。她曾在深夜 11 点到次日凌晨 6 点，接连完成 5 个国际进港航班的旅客分流工作。这期间，她耐心温柔地帮助旅客申请健康码，积极主动地为体力不支的旅客提供轮椅服务。就这样，防护服一穿就是 7 个多小时。

在此期间，孙瑞英还曾与防疫人员交接，陪同一位尚处于隔离期但需要转机的旅客办理登机前的相关手续。在登机前的临时隔离点，她发现旅客脸色苍白、一直冒冷汗，急忙询问得知，旅客为了达到防护效果不想摘口罩，已经长达 14 个小时没有吃饭。她赶忙宽慰旅客，主动为其购买了食物和水，并陪伴旅客直到其登上飞机。

尽管一直身穿防护服非常辛苦，但是看到这座城市更安全了，这一切就都是值得的，孙瑞英说，"现在还没到防护服能脱下的时候，我还要站好岗，承担一名普通民航人应尽的责任"。

二、值机工作流程

（一）做好值机前准备

1. 相关工具准备

（1）按照定座人数和预估行李流量，准备相应数量的登机牌及行李牌。

（2）准备好办理值机手续过程中需要的易碎行李标签、免除责任行李标签、逾重行李收费通知单、特殊旅客乘机申请书及其他单据等业务用品。

（3）检查计算机能否正常使用，检查离港系统能否正常进入操作。

（4）检查行李称重传输带及行李安检 X 射线机是否正常运转。

2. 航班准备

在开始办理值机手续之前，值机控制人员要在离港系统中执行对航班建立控制等各项操作，确保柜台值机员能为旅客正常办理值机手续。

（1）通过离港系统查看航班信息预报，了解当天执飞航班的机型、机号、座位布局、预计起飞时间、航线、经停点和终点站。通过定座系统了解执行航班的旅客人数、座位登记和配餐情况，以及重要、特殊旅客的服务要求。

（2）查看机场航班信息动态，及时与现场调度部门联系，为即将开始办理值机手续的航班分配登机口，并在离港系统中建立该航班，输入执飞航班的飞机编号、登机口等信息。

（3）和配载部门联系，按定座旅客人数，货、邮、行大约重量，以及该机型的飞机载重平衡要求，锁定相关座位。

（4）在规定时间打开该航班，由柜台值机员为旅客办理值机手续。

（二）接待旅客值机

航班和相应设备准备好后，就可以开始接待旅客值机。

1. 检查旅客证件及相关手续

（1）检查一般旅客证件

值机员应热情、周到地服务于旅客，询问旅客所乘坐的航班号或航程，并查验旅客的有效身份证件。

（2）检查特殊旅客相关手续

特殊旅客乘机旅行应在定座时提出申请，并在办理乘机手续时出示相关申请书，因此在为特殊旅客办理值机手续时，除要查看其有效身份证件外，还要查验其相关申请书，确保航空公司同意之后方可接收，否则不予接收。

2. 核对旅客信息并安排座位

在离港系统中提取旅客信息进行核对，根据旅客所持客票的舱位等级及旅客要求安排座位，打印登机牌。

座位安排是办理值机手续的一项重要工作。安排好旅客的座位，不仅是提高旅客服务质量、维持好旅客上下飞机秩序的保证，而且能有计划地安排飞机的载重平衡，确保飞行安全。值机员在安排座位时，应遵循以下原则：

（1）航班座位不满时，要兼顾机舱各区域对飞机平衡的影响，尽量安排旅客平均分布。

（2）同行旅客、家庭旅客尽量安排在相邻座位上。

（3）重要旅客安排在预留的前排座位，或按旅客要求安排。

（4）紧急出口旁边的座位要尽量安排身体健全、懂中英文字、有良好的表达能力、遇到紧急情况愿意帮助别人的旅客，军人和警察等职业人员优先。

（5）因超售而非自愿升舱的旅客座位，应与高舱位付费旅客分开；非自愿降舱的旅客应安排在低舱位较舒适的座位上。

（6）病残旅客、孕妇旅客、无成人陪伴儿童旅客、盲人旅客等需要特殊照顾的旅客，应尽量安排在靠近乘务员、方便入座的座位，但不应安排在紧急出口旁边的座位上。

（7）航班不满的情况下，应将携带不占座婴儿的旅客安排在相邻座位无人的座位上；如果旅客在定座时已预定了机上摇篮，应把旅客安排在可安装机上摇篮的座位上。

（8）对于需拆除机上座位的担架旅客，必须本着避免影响其他旅客的原则，一般应安排在客舱尾部，且不能安排在紧急出口旁边。

（9）犯人旅客应安排在离一般旅客较远、不靠近紧急出口和不靠窗的座位，其押运人员必须安排在其旁边的座位上。

3. 收运行李

行李运输是随旅客运输而产生的，与旅客运输有着不可分割的关系。

收运行李（见图 3-2）主要包括以下工作内容（关于收运行李的具体规定将在本项目任务二进行详细讲解）：

（1）对行李进行安检，了解行李内是否夹带禁运品、违法物品或危险品，是否有易碎易损物品、贵重物品或不能作为交运行李运输的物品。

（2）检查行李的包装是否符合要求。

（3）为旅客行李称重，检查行李的体积、重量是否符合要求，并将行李件数和重量填入离港系统中。若旅客行李超过免费行李额，则需要为旅客办理逾重行李相关手续。

（4）打印行李牌并将其正确拴挂在旅客行李上。如旅客行李上有旧的行李牌，应予以清除。将旅客的行李牌领取联粘贴或附在旅客登机牌空白处。

图 3-2　收运行李

4. 交付登机牌与行李牌

待旅客选好座位且行李正常通过安检后，值机员将旅客的有效身份证件、登机牌、行李牌交付旅客，并提示旅客前去安检，如图 3-3 所示。若旅客无托运行李，则直接将有效证件及登机牌交付给旅客，不需要办理行李牌。若为特殊旅客，值机员应及时和服务室联系，请其速派服务人员前往值机柜台做好迎接工作。

图 3-3 交付有效身份证件、登机牌和行李牌

（1）登机牌

登机牌（见图 3-4）是机场为乘坐航班的旅客提供的登机凭证，旅客必须在提供有效机票和个人身份证件后才能获得。

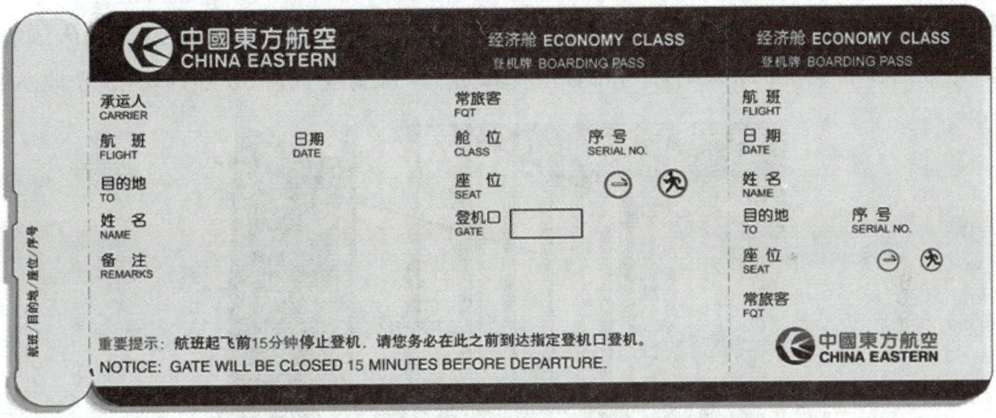

图 3-4 登机牌

登机牌绝大多数为硬纸卡，约 80 毫米宽、200 毫米长。登机牌正面印有机场、航空公司或民航机构的名称和徽记，以及乘机人姓名、航班号、航班起讫站、座位号、舱位等级、航班日期及登机口等内容。根据机票的等级，登机牌通常可分为 4 种，分别为经济舱登机牌、头等舱登机牌、公务舱登机牌和过站登机牌。

扫一扫

登机牌

（2）行李牌

行李牌是识别行李的标志和旅客领取托运行李的凭证，由拴挂联（见图 3-5）和领取联（见图 3-6）组成。拴挂联拴挂在行李上，作为行李运输的凭证。领取联交给旅客，作为旅客托运和领取行李的凭证。

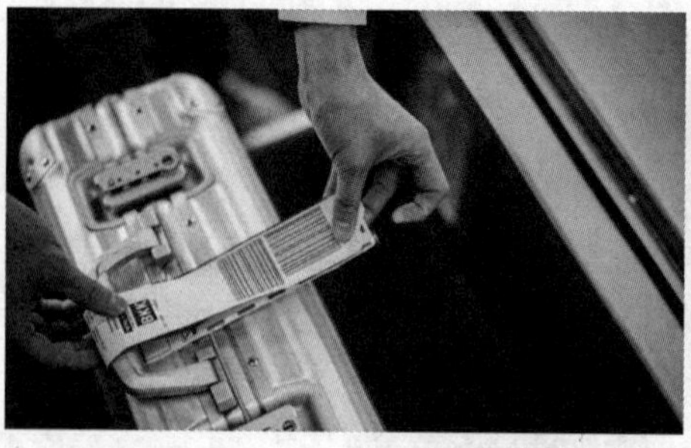

图 3-5　拴挂联

图 3-6　领取联

民航智慧园

值机新选择

除了传统的到机场通过人工办理乘机手续外，旅客还可通过机场自助值机、短信值机、网上值机和移动值机等办理值机手续。

1．机场自助值机

旅客可以在机场的自助值机设备（见图 3-7）上通过屏幕提示选择座位、确认信息及打印登机牌。自助值机办理时限与柜台值机相同，一般需要提前 30 分钟或 45 分钟办理。

图 3-7　自助值机设备

2．短信值机

短信值机是指旅客通过发送和接收短消息的形式办理值机。短信值机一般需要提前 1～2 天至航班起飞前 1 小时，具体时间应按照航空公司规定执行。

扫一扫

网上值机

3．网上值机

网上值机是指旅客通过互联网登录航空公司自助值机界面，操作完成身份证件验证、选择确定座位并打印 A4 纸登机牌，如图 3-8、图 3-9 所示。网上值机手续的办理一般需要提前 1～2 天至航班起飞前 1 小时，具体时间应按照航空公司规定执行。

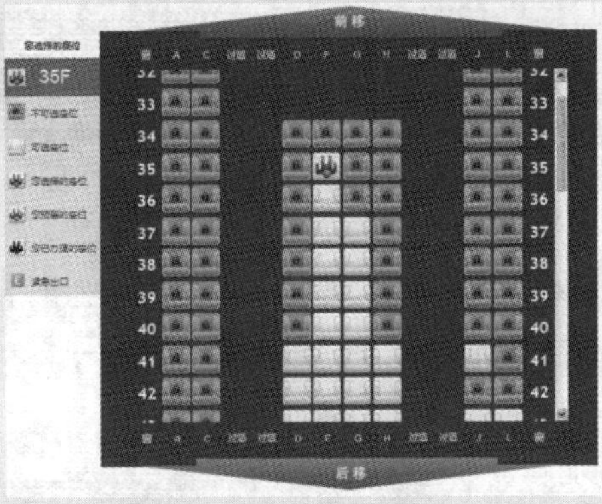

图 3-8 网上选座

图 3-9 网上登机牌

4. 手机值机

手机值机是指旅客使用手机登录航空公司自助值机界面，自行操作完成身份证件验证、选择并确定座位，航空公司会发送二维码电子登机牌到旅客手机上，旅客到达机场后打印登机牌或者直接扫描二维码进行安检登机，如图 3-10 所示。

图 3-10 二维码电子登机牌

如果旅客需要托运行李，需要在停止值机前，前往人工柜台或自助行李托运机（见图 3-11）办理行李托运相关手续。

图 3-11　自助行李托运机

（三）操作离港系统

1．离港系统概述

计算机离港控制系统（DCS）分为旅客值机控制（CKI）和配载平衡（LDP）两大部分。CKI 和 LDP 可以单独使用，也可以同时使用，它们在使用过程中由航班数据控制系统（FDC）进行控制。

CKI 系统是一套自动控制和记录旅客登机活动过程的系统。它记录旅客所乘坐的航班、航程、座位证实情况，附加旅客数据（如行李重量、中转航站等），接收旅客情况或旅客候补情况。

LDP 系统主要完成平衡航班配载、打印舱单的功能。航空公司、机场配载人员通过指令的形式将必要数据输入系统，系统即可准确计算出所需结果。

FDC 系统主要负责值机系统的数据管理工作，具体功能有航班信息修改，定期航班时刻表的建立、修改，航班记录显示、修改，飞机布局表的建立、显示、修改。

离港系统的应用可以与定座系统紧密相连。在办理值机手续前，定座系统向离港系统传送旅客名单报（PNL）和旅客名单增减报（ADL）。值机结束后，离港系统向定座系统传送最后销售报告（PFS），并向定座系统提供详细的最后登机人数、头等舱旅客名单、候补旅客人数、定座未登机登记人数，以便于定座部门控制人员了解航班实际使用情况。

2．离港系统的操作

本部分内容主要介绍值机手续办理中接收旅客的相关操作。

（1）提取旅客信息

① 显示旅客名单：显示旅客名单指令的功能是显示航班某一航段或航班始发站到各

个经停站的旅客信息，显示传送至 DCS 系统中的旅客名单报。

指令格式：

＞ PD：航班号/日期/舱位等级/航段 选项 ↙

指令说明：

选项指令及释义见表 3-1。

表 3-1　PD 指令中选项列表及释义

符号	释义	符号	释义
ACC	已接收旅客	NACC	未接收旅客
VIP	重要旅客	SPM	特殊服务旅客
INF	带有婴儿的旅客	CHD	儿童
GRP	该航班所有团体，不显示旅客，只显示团名，团名 0 开头	GRI+团名	显示该团所有旅客
AEC	换飞机后未确定座位的旅客	XRES	被取消定座记录的旅客
Z	转换航班旅客	FF	常旅客
UM	无成人陪伴儿童	EXBG	行李超重的旅客
I	进港旅客	O	出港联程旅客
ASR	预留座位的 VIP	CRS	值机留座的旅客
RES	预留座位的团体旅客	WCH	轮椅旅客
BLND	盲人旅客	DEAF	耳聋旅客
STCR	担架旅客	DEL	被删除的旅客
EXBG	行李超重的旅客	UPG	升舱旅客
DNG	降舱旅客	EXST	额外占座的旅客
BAG/ALL	所有有行李的旅客	SBY	候补状态的旅客
BN	按登机号显示	URES	候补旅客，离港无记录，定座无记录
AECX	换飞机后，座位号与原座位号不同	NREC	离港无记录，定座有记录的旅客

② 提取旅客详细记录。

指令格式：

＞ PR：航班号/日期/始发站 旅客标识 ↙

应用举例：

提取 CA985 航班列表中第 2 位旅客的详细信息。

输入指令：

＞ PR：CA985/19JAN01/TPEK 2 ↙

系统显示：

```
PNR RL H0L2L
CRS RL MBP6G
1.LIU/XIAOHONG          BN190     14E   T   SFO   FF/CA 102013085 RW   BAG1/21/0 M1
 BAGTAG/0999596860/PHX
 O/UA2358/19JAN                    VPHX
 ACC PEK12632   AGT10452/19JAN1311
 BAG PEK12632   AGT10452/19JAN1311/PHX
 MOD PEK12632   AGT10452/19JAN1311
```

说明：

第一行内容为定座系统航空公司记录编号，第二行内容为代理人系统记录编号。

第三行中，“LIU/XIAOHONG”为旅客姓名；“BN190”为登机号；“14E”为座位号；“T”为舱位；“SFO”为目的地；“FF/CA 102013085”为有常旅客卡/卡号，“RW”表示申请靠窗座位；“BAG1/21/0”表示一件行李，21 千克；“M1”表示成人男性 1 名。

第四行中，“BAGTAG/0999596860”为行李牌/行李牌号，“PHX”为目的地。

第五行中，“O”表示有联程航班，“UA2358/19JAN”为联程航班号/日期，“V”舱位，“PHX”为目的地。

第六行～第八行表示旅客乘机记录中的历史操作，“ACC”“BAG”“MOD”为操作记录代号，分别表示“接收”“行李牌打印或重新打印”“修改”，代号后内容为进行操作的设备、人员信息及操作时间。

（2）接收旅客

接收旅客乘机使用“PA”指令。在离港系统中使用“PA”指令正常接收旅客，系统会自动给出旅客的座位号，同时与终端相连的登机牌打印机、行李牌打印机会自动打印旅客的登机牌和行李牌。如果旅客没有定座记录或座位未定妥，GS（GO-SHOW，未定座旅客的限制）没有限额，执行“PA”指令会将该旅客自动列为候补旅客，并给出候补号。

“PA”指令所接收的旅客为未接收旅客，该指令可以单独使用，也可以根据“PD”“PR”等指令的输出按序号方式接收。需要注意的是，每位旅客限带一名婴儿，因此一次仅能接收一名婴儿；接收多个旅客时，行李信息均记录在第一个旅客后面。

① 直接输入。

指令格式：

＞ PA：航班号/日期/舱位等级/航段/姓名，性别，行李 选择项 ↙

应用举例：

接收 CA1501 航班 Y 舱旅客 JOHN，男性，带一件 15 千克行李。

输入指令：

> PA: CA1501 Y 1JOHN，M1，1/15 ↙

② 间接接收。

先用 PD、PR 指令提取旅客记录，再用 PA 接收。

指令格式：

> PA: 旅客序号 选择项 ↙

说明：

旅客序号指 PD 显示中的序号。同一序号下最多可接收 40 个旅客，一次最多接收 30 个序号的旅客。接收候补旅客时，如果一次超过 10 个，需要输入航班号。

应用举例：

接收 PD 显示序号为 3 的旅客，男性，带一件 20 千克行李。

输入指令：

> PA: 3，M1，1/20 ↙

民航小贴士

正常情况下，在执行"PA"指令后，打印机会自动打印该旅客的登机牌，若因某种原因未自动打印登机牌或需要重新打印登机牌，则可使用"BC"指令。

指令格式：

（1）> BC: 序号 显示类别 R ↙

（2）> BC: 航班号/舱位/始发站 旅客标识 R ↙

（3）> BC: 候补号 R ↙

指令说明：显示类别为 PD、PR 等，"R"为补打标志。

（3）修改旅客记录

指令格式：

① 未接收旅客。

> PU: #/旅客序号 选项 ↙

② 已接收旅客。

> PU: 旅客序号 选项 ↙

指令说明：

旅客序号为在 PD、PR 指令中显示的旅客序号，选项为需要修改的信息的指令。

应用举例：

① 将未接收序号 1 旅客升至 F 舱。

输入指令：> PU: #/1 UPG F ↙

② 将已接收序号 1 旅客姓名修改为 LI/XIAOHONG。

输入指令：> PU: 1 NAM1 LI/XIAOHONG ↙

（4）删除旅客记录

删除旅客记录指令可以将旅客从已接收状态改为未接收状态，不影响旅客定座记录；也可以删除各选项信息。

指令格式：

① 将旅客从接收状态改为未接收状态。

> PW: - 旅客序号 ↙

② 删除旅客选项信息。

> PW: 旅客序号 选项 ↙

指令说明：同“修改旅客记录”。

应用举例：

① 删除序号 1 旅客记录。

输入指令：

> PW: －1 ↙

② 减去序号 1 旅客所有行李。

输入指令：

>PW: 1 BAG ↙

任务实施

情景模拟——值机

情景：王女士与刘先生打算携带 8 个月的女儿和双方父母搭乘××航班前往杭州游玩，由于这次游玩的时间较长，王女士携带了几件行李并打算托运。飞机起飞前 2 小时，王女士一行 7 人抵达值机柜台办理乘机手续，值机员热情、熟练地为王女士一家办理了值机手续。

实施步骤：

（1）自行分组，7 人为一小组，1 名同学饰演值机员，其余同学饰演王女士及其家人。

（2）根据以上情景改编一份完整的情景剧剧本。可进行适当延伸，合理即可。

（3）分组进行模拟，一组模拟时，其余组认真观看并做好记录。

（4）全部小组模拟结束后，相互进行点评和打分。

任务评价

请评价人员根据表 3-2 对上述任务实施情况进行评价。

表 3-2　任务实施评价表

评价标准	分值	自评	互评	师评
能够根据情景正确、熟练地完成值机	40			
剧本改编内容丰富，且可完整体现值机流程	30			
小组成员合作良好、分工明确	15			
能够认真点评其他小组的情景模拟，并提出合理的优化方案	15			
合计	100			
总评（自评×20%+互评×20%+师评×60%）				

任务二　收运行李

任务清单

请根据任务清单完成课前预习、课中学习和课后复习，完成后在对应的方框内打“√”。

课前预习	□	登录航空公司官网，查找各航空公司关于行李运输的规定
	□	查找并阅读民航行李运输相关法律法规
课中学习	□	掌握行李运输限制，以及免费行李额、逾重行李的相关知识
	□	熟悉行李的分类和包装要求、行李声明价值及行李收运特殊情况的处理
课后复习	□	完成任务实施，深化对课上所学知识的掌握和应用
	□	以“乘坐飞机时携带行李注意事项”为题制作科普视频，并发布于公共视频平台上
	□	回顾本任务所学知识，总结知识重点、难点，建立知识脉络体系

任务导入

2015年9月2日，中国民航局发布《关于旅客携带打火机火柴乘坐民航飞机法律责任告知书》，指出旅客不得随身携带或在手提行李、托运行李中运输打火机、火柴，如随身携带或在手提行李、托运行李中有打火机、火柴的，要取出并自行处置，否则，将可能面临公安机关5 000元以下罚款、拘留等行政处罚，由此造成的其他损失，由旅客自行承担。

请思考

除打火机、火柴外，还有哪些物品不能作为行李进行运输？民航行李运输有哪些规则、规定？

知识讲解

行李是指承运人同意运输的，旅客在旅行中为了穿着、使用、舒适或方便的需要而携带的物品和其他个人财物。

一、行李的分类

按照运输责任范围的不同，承运人承运的行李分为托运行李和非托运行李。

（一）托运行李

托运行李是指旅客交由承运人负责照管和运输并出具行李运输凭证的行李。

承运人在收运行李时，必须打印行李牌，行李牌上应注明托运行李的件数及重量，并发给旅客作为识别行李用的行李牌识别联。具体行李运输重量及体积限制条件应以各航空公司运输总条件为准。

民航互动营

国航行李运输规则规定：每件普通托运行李不得小于2千克，且不得超过32千克；每件普通托运行李的长、宽、高三边之和不得小于60厘米，且不得超过203厘米，包括滑轮和把手。超出上述限制范围的物品不得作为行李运输。

东航行李运输规则规定：托运行李的最大重量不得超过50千克，体积不应小于5厘米×15厘米×20厘米，不得超过40厘米×60厘米×100厘米。

其他航空公司关于托运行李重量和体积的限制条件是什么？为什么要对托运行李的重量和体积有所限制？请同学们查阅相关资料并展开讨论。

（二）非托运行李

非托运行李是指经承运人同意，由旅客自行负责照管的行李。非托运行李分为手提行李和占座行李。

1. 手提行李

手提行李应能置于旅客的前排座椅下或封闭式行李架内，各航空公司限制条件略有不同，具体规定应以各航空公司运输总条件为准。一般航空公司规定，每位旅客手提行李的重量以 5 千克为限，此重量不计入免费行李额内；每件非托运行李的体积不得超过 20 厘米×40 厘米×55 厘米。持头等舱客票的旅客，每人可随身携带两件行李；持公务舱客票、经济舱客票的旅客，每人只能随身携带一件行李。超过上述重量、体积或件数限制的行李，应作为托运行李托运。

民航智慧园

国航、东航关于非托运行李额的规定

国航非托运行李重量、尺寸及件数限制规定：每件非托运行李长、宽、高三边分别不得超过 55 厘米、40 厘米、20 厘米，以保证可以放置在客舱上方的封闭式行李架内；每位头等舱、公务舱可携带的单件非托运行李重量不得超过 8 千克；每位超级经济舱、经济舱旅客可携带的单件非托运行李重量不得超过 5 千克；每位头等舱、公务舱旅客可携带 2 件非托运行李；每位超级经济舱、经济舱旅客可携带 1 件非托运行李。除此之外，每位旅客可以免费携带 1 件可以放置在前排座椅下方的随身物品，如手提包、公文包、手提电脑包、相机包或其他类似尺寸或更小的物品。

东航国内航线非托运行李额规定：持头等舱客票的旅客可携带两件非托运行李，每件重量不超过 10 千克，体积不超过 20 厘米×40 厘米×55 厘米；持豪华公务舱、公务舱、超级经济舱、经济舱客票的旅客可携带一件非托运行李，每件重量不超过 8 千克，体积不超过 20 厘米×40 厘米×55 厘米；带入客舱的行李应能置于旅客前排的座位之下或客舱顶部行李架内。超过上述重量、件数或体积限制的行李，应作为托运行李托运。

2. 占座行李

扫一扫

占座行李

占座行李是指那些重量和体积超限而对旅客又十分重要的，需要和旅客一起在飞机客舱内运输的行李。占座行李运输的一般要求如下：

（1）行李占座时，旅客必须在定座或购票时提出，经航空公司同意并支付相应的费用。

（2）占座行李没有免费行李额。

（3）占座行李的旅客必须与占座行李同行，并能提供占座行李的机票或逾重行李票。

（4）占座行李不能安排在紧急出口座位。

（5）占座行李的重量和体积应符合航空公司的规定。

（6）占座行李所占座位的舱位等级应与旅客所持客票的舱位等级相同。

（7）占座行李的收费一般采用下列两种方法计算：

占座行李费=占座行李的实际重量×逾重行李费率

占座行李费=占用座位数×旅客所持机票同等票价

二、行李的包装要求

扫一扫

行李的包装要求

行李的包装在保证行李运输质量和飞行安全中起着非常重要的作用，因此，承运人会对旅客的行李包装要求制定具体的规定。在收运行李时，值机员应严格检查行李包装，对不符合包装要求的行李，应要求旅客改善行李包装或拒绝收运。一般来说，航空公司对托运行李的包装要求如下：

托运行李必须包装完善、锁扣完好、捆扎牢固，能承受一定的压力，能够在正常的操作条件下安全装卸和运输，并符合下列条件：

（1）旅行箱、旅行袋和手提包等必须加锁。

（2）两件以上的包件，不能捆为一件。

（3）行李上不能附插其他物品。

（4）竹篮、网兜、草绳、草袋、塑料袋等不能作为行李的外包装物。

三、行李运输限制

旅客的托运行李、非托运行李不得违反国家禁止运输或者限制运输的相关规定。值机员在收运行李时应以航空公司具体规定为准，一般来说，行李运输限制规则如下。

（一）禁止运输的行李

扫一扫

禁止运输的行李

不得作为行李运输的物品，是指中国民航局规定不能在航空器载运的物品和国家规定的禁运物品。这类物品禁止作为行李或夹入行李，也禁止随身携带入客舱。

（1）危险品：爆炸品，如烟花、鞭炮、弹药等；气体，包括易燃和非易燃无毒气体、有毒气体；易燃液体，如酒精、油漆、香蕉水等；易燃固体、自燃物质和遇水释放易燃气体的物质，如镁粉、白磷、黄磷等；氧化剂和有机过氧化物，如烟雾剂、漂白粉、双氧水等；毒性物质和传染性物质，如生漆、有毒农药、海洛因、疫苗等；放射性物质，如放射性同位素、放射性化学试剂等；腐蚀性物质，如酸、碱、湿电池、水银等；磁性物质；具有麻醉、令人不快或其他类似性质的物质；容易污损飞机的物品；规定不得作为行李运输的其他危险物品。

（2）枪支及其主要零部件，含军用、民用、公务用枪，如手枪、步枪、冲锋枪、机枪、防暴枪、气枪、猎枪、麻醉注射枪、样品枪、道具枪、钢珠枪、催泪枪、电击枪等；国家管制器具，如管制刀具、军械、警械及其他属于国家规定的管制器具，含警棍，军用或警用匕首，刺刀，电击器，防卫器，弩，匕首，三棱刀，机械加工用的三棱刮刀，带有自锁装置的刀具，形似匕首但长度超过匕首的单刃刀、双刃刀以及其他类似的单刃、双刃、三棱尖刀等；其他类似物品及上述物品的仿制品。用于射击竞技体育运动用枪支和子弹，可按照相关运输规定，作为托运行李运输。

（3）打火机、火柴；活体动物（小动物、导盲犬、助听犬除外）；带有明显异味的鲜活易腐物品，如海鲜、榴莲等；中华人民共和国或运输过程中有关国家法律规定禁止出境、入境或过境的物品；包装、形状、重量、体积或性质不适宜运输的物品；航空公司规定的不适宜作为行李运输的其他物品。

承运人在收运行李前或者运输过程中，若发现行李中装有上述不得作为行李运输的物品，可以拒绝收运或随时终止运输。

（二）不建议托运的行李

扫一扫

不建议托运的行李

重要文件、商业文件和资料、证券、货币、汇票、珠宝、贵重金属及其制品、古玩字画、易碎易损坏的物品、易腐物品、样品、绝版印刷品或手稿、旅行证件、电子产品、数码产品、摄像机原配件、移动电话、个人需要定时服用的处方药。

以上行李物品需要专人照管，不建议作为托运行李，而应作为非托运行李带入客舱内运输。

（三）限制运输的物品

限制运输的物品需经航空公司同意，在符合航空公司运输条件的情况下，才可进行运输。限制运输的物品主要包括以下这些：

（1）精密仪器、电器类物品，体育运动用枪支和子弹，超长体育运动用品，小动物、导盲犬、助听犬，机要文件、外交信袋，旅客旅行途中使用的电动轮椅。

（2）管制刀具以外的利器、钝器，如菜刀、剪刀、水果刀、剃刀等生活用刀，手术刀、屠宰刀、雕刻刀等专业刀具，文艺单位表演用的刀、矛、剑等，以及斧、凿、锤、锥、加重或有尖钉的手杖、铁头登山杖和其他可用来危害航空安全的锐器、钝器，液态饮品等。

四、免费行李额

免费行李额是根据旅客所乘坐的舱位等级和航线决定的。不同航空公司、不同航线的免费行李额均有所差异。

（一）国内航线免费行李额

扫一扫

免费行李额和逾重行李费

国内航线免费行李额一般按照计重制计算，其一般规定如下：

（1）持成人或儿童票的头等舱旅客为40千克，公务舱旅客为30千克，经济舱旅客为20千克。

（2）持婴儿票的国内运输旅客无免费行李额，每名婴儿可免费托运婴儿手推车一辆。

（3）构成国际运输的国内航段，每位旅客的免费行李额按适用的国际航线免费行李额计算。

（二）国际航线免费行李额

在国际航线上，旅客免费行李额一般按件数计算。对于国际航线免费行李额，各个航空公司在不同航线均有不同规定，为应对激烈的航空市场竞争，航空公司会对托运行李的重量和件数做出阶段性的调整，以下为一般规定：

（1）持成人票或儿童票的旅客，每位头等舱旅客可免费托运2～3件行李，每位公务舱旅客可免费托运2件行李，每位经济舱旅客可免费托运1～2件行李；每件行李三边之和≤158厘米；头等舱、公务舱旅客每件行李重量不得超过32千克，经济舱旅客每件行李重量不得超过23千克。

（2）持婴儿票的旅客可免费托运一件行李，行李三边之和不超过115厘米、重量不超过10千克，此外，还可额外免费托运一辆婴儿手推车。

（三）其他

免费行李额的计算需要注意以下几个方面：

（1）搭乘同一航班前往同一目的地的两名以上的同行旅客，如在同一时间、同一地点办理行李托运手续，其免费行李额可以按照各自的客票价等级标准合并计算。

民航小贴士

根据上述免费行李额计算规定，假设小李和小张一同乘坐HU7809航班从北京飞往广州，小李携带的行李较多，而小张则行李较少，那么小张就可以把自己的免费行李额与小李共享。

（2）混合舱位等级旅客的免费行李额按每一航段所付票价的服务等级计算；全航程为同一承运人实际承运的联程运输且行李联运的，其免费行李额按较高舱位等级的免费行李额标准计算。

（3）旅客自愿改变舱位等级的，其免费行李额按改变后的舱位等级所规定的免费行李额办理；旅客非自愿改变舱位等级的，应按照其原客票舱位等级规定的免费行李额办理。

（4）构成国际运输的国内航段，每位旅客的免费行李额按适用的国际航线免费行李额计算。

（5）担架旅客的免费行李额为60千克；额外占座旅客（旅客为旅行舒适等而付费占用额外的座位）的免费行李额，按其所占座位的票价等级和占用座位数确定；额外占座的行李没有免费行李额。

（6）包舱旅客的免费行李额按其舱位等级和包舱座位数计算。

五、逾重行李

旅客的托运行李超过其免费行李额的部分称为逾重行李，旅客需支付超额行李费。

（一）办理流程

（1）值机柜台工作人员确认旅客行李超重重量，填开逾重行李缴费通知单后，请旅客前往柜台支付逾重行李费。

（2）柜台工作人员计算逾重行李费，填开逾重行李票。

（3）旅客付费后回到值机柜台凭逾重行李票的运输联和旅客联继续办理行李的托运手续。

民航小贴士

国内逾重行李票由财务联、出票人联、运输联和旅客联构成。财务联为财务结算用，出票人联为出票人存查用，运输联为运输逾重行李及航空公司之间结算用，旅客联为旅客提取逾重行李和做报销凭证用。工作人员在填开逾重行李票完毕交给旅客之前，应留取财务联和出票人联。旅客持逾重行李票办理逾重行李托运手续时，工作人员应留取运输联作为运输凭证。

（二）运价计算

1．国内航线逾重行李运价计算

国内航线逾重行李运价计算按照计重制进行。不论旅客所付票价的类别和实际所乘坐的座位是何种等级，一般每件托运行李逾重费率，以每千克按逾重行李票填开当日所适用的直达航班经济舱普通票价的 1.5%计算，以人民币为单位，尾数四舍五入。如无公布直达票价，则采用分段相加的方法计算。

2．国际航线逾重行李运价计算

国际航线逾重行李运价计算一般按照计件制进行计算。航空公司按照行李超出的数量、尺寸、重量对逾重行李进行分类，并按照规定收取逾重行李费用。各航空公司在不同航线均有不同行李规格限制和收费标准，例如，南航某国际航线逾重行李收费标准如表 3-3 所示。

表 3-3　南航某国际航线逾重行李收费标准

航程组一：

类型	行李规格		收费标准	
	重量	尺寸（三边之和）	人民币	美元
超件第一件	≤23 千克	≤158 厘米	1 380/件	225/件
超件第二件及更多	≤23 千克	≤158 厘米	2 000/件	330/件
超尺寸	—	159～203 厘米（含）	1 000	165
超重	23～28 千克（含）	—	500	85
	28～32 千克（含）	—	1 010	170
	32～45 千克（含）	—	3 000	495

民航互动营

请同学们登录各航空公司官方网站，查看不同航空公司各国际航线逾重行李收费标准，思考造成不同国际航线逾重行李收费差异的原因，并在班级内进行讨论。

民航智慧园

轻泡行李运输

轻泡行李是每 6 000 立方厘米重量低于 1 千克的行李，也称低密度行李。这类行李体积大、重量轻，在行李运输时需按照体积重量的标准进行计算。计算方法如下：

（1）量出货物的最大长、宽、高的尺寸。

（2）按照四舍五入的方式，对所量尺寸进行进位，如 40.2 厘米×59.5 厘米×99.7 厘米，按照 40 厘米×60 厘米×100 厘米进行计算。

（3）换算标准为 6 000 立方厘米为 1 千克，即将行李的体积除以 6 000 可得出该行李的体积重量。

（4）体积重量的进位按照实际重量的进位方法。

（5）如果旅客携带多件轻泡行李则应算出全部行李体积，再换算成体积重量。

若遇旅客携带轻泡行李，值机员首先按照以上计算标准算出行李体积重量，然后根据体积重量，按照行李的一般规定进行收运。

六、行李声明价值

根据航空运输规定，旅客的托运行李在运输过程中发生损坏、丢失时，承运人按照每千克最高赔偿限额赔偿。当旅客的托运行李的每千克实际价值超过承运人规定的每千克最高赔偿限额时，旅客有权要求更高的赔偿额，但必须在托运行李时办理行李声明价值，并付声明价值附加费。办理过声明价值的行李，如在运输过程中因承运人原因造成损失，承运人应按照旅客的声明价值进行赔偿。

扫一扫

行李声明价值

（一）行李声明价值的一般规定

（1）国内航线旅客的托运行李每千克价值超过 100 元时，可自愿申请办理行李声明价值，每一旅客的行李声明价值最高限额为 8 000 元人民币。国际航线旅客的托运行李每千克价值超过 20 美元时，可自愿申请办理行李的声明价值，每一旅客的行李声明价值最高限额为 2 500 美元。

（2）行李的声明价值不得超过行李本身的实际价值，如承运人对声明价值有异议而旅客又拒绝接受检查时，承运人有权拒绝收运。如承运人对声明价值有异议，要求旅客提供相关证据，而旅客不能提供有效证据或承运人认为旅客提供的证据不完整时，承运人有权拒绝办理行李声明价值。

（3）办理声明价值的行李重量不计入免费行李额内，但旅客办理行李声明价值应支付声明价值附加费。一般来说，承运人按旅客声明价值中超过最高赔偿限额部分价值的 5‰ 收取声明价值附加费。声明价值附加费以元为单位，尾数四舍五入。计算公式为：声明价值附加费=（行李声明价值−每千克限额×声明价值行李重量）×5‰。

民航互动营

一位从北京到上海的旅客为 7 千克行李办理了 3 000 元人民币的声明价值。请问：该旅客需要缴纳的声明价值附加费是多少？

（4）非托运行李和小动物不得办理行李声明价值。

（5）除与另一承运人有特别协议外，一般只能在同一承运人的航班上办理行李声明价值。

（6）承运人不对行李中任何单个物品办理行李价值声明，只办理整件行李的声明价值。

（二）声明价值行李的运输要求

（1）办理声明价值的行李必须与旅客同机运输。

（2）在载重平衡表的备注栏内需要注明办理声明价值的行李的件数、重量、行李牌编号和装舱位置。

（3）值机员与装卸人员应严格办理交接手续。

（4）运出时应发送电报通知到达站。

七、行李收运特殊情况的处理

（1）如旅客行李内有不符合运输规定的物品，应要求旅客将物品取出后方可收运。

（2）如旅客托运的行李属于易碎物品、有破损行李、无锁或锁已失效行李等，应开具免除责任行李牌，并请旅客在免除责任行李牌上签字，将行李牌拴挂在旅客的行李上。

（3）旅客领取登机牌后，如要求补办行李托运，应核查旅客证件及登机牌，并将行李件数、重量输入离港系统。

任务实施

制作行李收运科普海报

以 3 人为一小组，根据所学知识并查阅相关资料，制作行李收运科普海报。要求：

（1）海报内容包括但不限于行李收运重量、体积、件数限制，行李包装要求，行李运输限制、免费行李额、逾重行李办理流程、行李声明价值办理流程。

（2）图文结合，排版美观。

（3）班内举办“关于行李收运那些事”主题海报展活动。

任务评价

请评价人员根据表 3-4 对上述任务实施情况进行评价。

表 3-4　任务实施评价表

评价标准	分值	自评	互评	师评
能够正确科普行李收运重量、体积、件数限制	15			
能够正确科普行李包装要求	15			
能够正确科普禁止运输、不建议托运、限制运输的行李物品	15			
能够正确科普免费行李额相关知识	15			
能够正确科普逾重行李办理流程	10			
能够正确科普行李声明价值办理流程	10			
海报制作精美、结构合理	10			
小组分工明确、合作良好	10			
合计	100			
总评（自评×20%+互评×20%+师评×60%）				

任务三　安　检

任务清单

请根据任务清单完成课前预习、课中学习和课后复习，完成后在对应的方框内打“√”。

课前预习	□	查找资料，了解我国民航安检发展历史
	□	查找资料，了解国内安检所运用的新科技
	□	观看《空中浩劫》第二季第三集《空中巴士惊魂》，体会安检对民航安全的意义
课中学习	□	掌握旅客安检、行李安检的要求
	□	了解安检机构、安检人员的相关知识
	□	熟悉安检工作原则
课后复习	□	完成任务实施，深化对课上所学知识的掌握和应用
	□	查找我国民航安检相关法律法规
	□	查找“9・11”事件相关内容，讨论安检对民航安全的意义
	□	回顾本任务所学知识，总结知识重点、难点，建立知识脉络体系

任务导入

在旅客的乘机流程中，安检是必经环节，且步骤多、检查较烦琐、耗时较长，尤其是客流高峰期或特殊安保时期，安检工作更加紧张、繁忙，旅客也难免会因此感到焦虑和不安。

针对这一问题，广州白云国际机场结合民航安检工作从追求“安全性”向追求“高安全+高效率”转变的目标要求，开通了国内首条“自助智能安检通道”，通过综合运用人脸识别、人包对应、毫米波安全门及篮筐回传等新技术，实现自助验证、智能检查、畅行通关。对机场而言，智能安检符合社会要求和行业发展趋势，通过技术和模式创新，实现过检效率和安全系数双提升；对旅客而言，由过去被动式接受安检转变为自助安检，增加了参与度和选择性。

全流程自助智能安检通道将传统旅客安检中多个项目融为一体，将科技、智慧和人文关怀融入安全检查，引领民航安检模式进入新阶段，助推民航高质量发展，也给广大旅客和人民群众带来了更可靠的安全保障和更优质的出行体验。

请思考

机场安检工作的内容有哪些？自助智能安检通道有哪些优势？

知识讲解

一、安检工作概述

（一）安检机构

民航安检机构的运行条件包括：

（1）符合民用航空安全保卫设施行业标准要求的工作场地、设施设备和民航安检信息管理系统。

（2）符合民用航空安全检查设备管理要求的民航安检设备（见图 3-12）。

（3）符合民用航空安全检查员定员定额等标准要求的民航安全检查员。

（4）符合《民用航空安全检查规则》和《民用航空安全检查工作手册》要求的民航安检工作运行管理文件。

（5）符合民航局规定的其他条件。

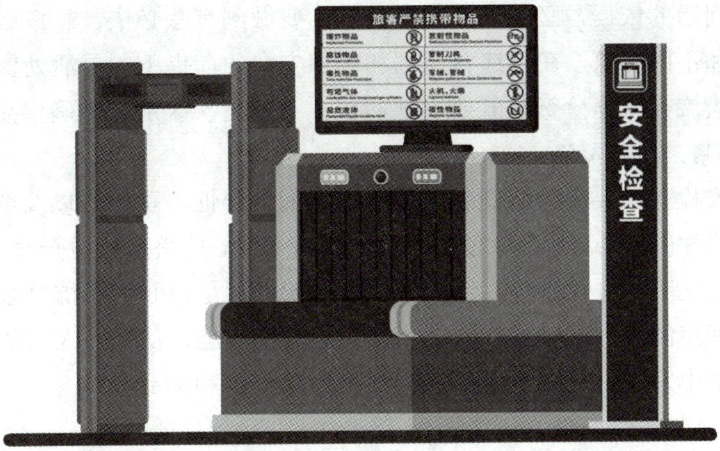

图 3-12　民航安检设备

（二）安检人员

（1）民航安检机构应当使用符合以下条件的安检人员从事民航安检工作：① 具备相应岗位民航安全检查员国家职业资格要求的理论和技能水平；② 通过民用航空背景调查；③ 完成民航局民航安检培训管理规定要求的培训。

（2）民航安检现场值班领导岗位管理人员应当具备民航安全检查员国家职业资格三级以上要求的理论和技能水平。

（3）安检人员执勤时应当着民航安检制式服装，佩戴民航安检专门标志。民航安检制式服装和专门标志式样和使用由民航局统一规定。

（4）安检人员应当依据《民用航空安全检查规则》和本机构民航安检工作运行管理文件的要求开展工作，执勤时不得从事与民航安检工作无关的活动。

（5）X 射线安检仪操作检查员连续操机工作时间不得超过 30 分钟，再次操作 X 射线安检仪间隔时间不得少于 30 分钟。

（三）安检工作原则

1. 安检第一，严格检查

确保安全是安全检查的宗旨和根本目的，而严格检查则是实现这个目的的手段和对安检人员的要求。所谓严格检查，就是严密地组织勤务、执行各项规定、落实各项措施，本着对国家和旅客高度负责的精神，牢牢把好安全技术检查、飞机监护等关口，切实做到证件不符不放过、X 射线机图像判断不清不放过、开箱（包）检查不彻底不放过，以确保飞机和旅客的安全。

2. 坚持制度，区别对待

国家的法律、法规以及有关安全检查的各项规章制度和规定，是指导安全检查工作实施和处理各类问题的依据，必须认真贯彻执行，要做到有法必依、有章必循。同时，还应根据特殊情况和不同对象，在不违背原则和确保安全的前提下，灵活处置各类问题。通常情况下，对各类旅客实施检查时既要一视同仁，又要主次区别、明确重点、有所侧重。

3. 外松内紧，机智灵活

内紧是指安检人员要有敌情观念，要有高度的警惕性、责任心以及严密的检查程序，要有处置突发事件的应急措施等，使犯罪分子无空可钻。外松是指检查时要做到态度自然，沉着冷静，语言文明，方式讲究，步骤有序。机智灵活是指面对错综复杂的情况，安检人员要有敏锐的观察能力和准确的判断能力，善于分析问题，从受检人员的言谈举止、行装打扮和神态表情中发现蛛丝马迹，不遗漏任何可疑人员和物品。

4. 文明执勤，热情服务

机场是地区和国家的窗口，安全检查是机场管理和服务工作的一部分。安检人员要树立全心全意为旅客服务的思想，要做到检查规范、文明礼貌，要做到着装整洁、仪表端庄、举止大方、说话和气，“请”字开头，“谢”字结尾，要做到尊重不同地区、民族民众的习惯，同时要在确保安全、不影响正常工作的前提下尽量为旅客排忧解难。对伤、病、残旅客予以优先照顾，不伤害旅客的自尊心；为孕妇、儿童、老年旅客尽量提供方便，给予特殊照顾。

旅客至上

成都双流国际机场安检站：打造真情服务，温暖旅途

近年来，成都双流国际机场（简称“双流机场”）安检站一方面以敬畏之心严格按照规章手册操作；另一方面主张突破职责，倾听内心的声音，在职责之外追寻旅客服务的人性之美，以真心换真情，以真情动人心，塑造良好的服务形象，为旅客出行带去更加舒心的服务体验。

为自己找“麻烦”已成为双流机场安检人员的一种工作态度。当班勤务结束，值班遗失物品移交员完成移交工作后，还会匆匆赶到航站楼快递中心，将旅客乘机无法随身携带的限制物品分别打包邮寄，并将快递单号一一发给旅客。这不是一场秀，而是双流机场安检站推出的“找‘麻烦’”系列的一项服务举措。安检员的小“麻烦”为旅客解决了大“问题”，这项举措获得了旅客的一致好评。

双流机场还为广大女性旅客设立了女性专用安检通道，为女性旅客提供更为私密的检查空间，保护女性旅客隐私，避免女性旅客脱掉外衣检查时的种种“尴尬”。同时，通道还配备了专人引导宣传，在前端提醒女性旅客提前做好相应准备，也对不小心误入队伍的男性旅客做好宣传引流。

最近，女性专用安检通道又迎来了新变化。短裙总是让女性旅客在安检脱鞋检查

时犯难，紧紧压在裙摆边的双手显露出了她们的“尴尬”。安检员们集思广益，创新推出了“丝巾服务”。在丝巾的包裹下，短裙旅客的脱鞋检查更为方便，“尴尬”变成了温馨的 VIP 服务享受。

想旅客所想，急旅客所急。双流机场安检站坚持将旅客服务工作放在心上，抓在手上，引领员工牢固树立“全心全意为旅客服务”理念，主动思考旅客服务各个环节存在的瑕疵、不足，多做一些“不应该”，多为自己找“麻烦”，让旅客出行多一分便利。

二、安检工作内容

安检工作内容包括：旅客及其行李物品的安全检查，进入民用运输机场控制区的其他人员、物品及车辆的安全检查。本部分内容主要对“旅客及其行李物品的安全检查”进行详细讲解。

（一）旅客安检

1．查验旅客身份

安检人员首先要对登机人员的身份进行验证，验证内容包括核查登机牌和旅客的有效身份证件，以确认旅客的身份与登记信息，保障航班运行的安全、顺利，具体要求如下：

扫一扫

旅客安检和行李安检

（1）对拒绝接受安全检查的人员，不准其登机或进入候机隔离区，由此造成的损失由旅客自行承担。

（2）对持居民身份证复印件者不予放行登机。

（3）对核查无误的旅客，应在其登机牌上加盖验讫章。

（4）有下列情形之一的，民航安检机构应当报告公安机关：① 使用伪造、变造的乘机身份证件或者乘机凭证的；② 冒用他人乘机身份证件或者乘机凭证的。

2．检查旅客人身安全

对旅客进行人身安全检查时，需要注意以下几点：

（1）旅客在接受人身检查前，应当将随身携带的可能影响检查效果的物品（如金属物品、电子设备、外套等）取下。

（2）旅客应当依次通过人身安检设备接受人身检查。对通过人身安检设备检查报警的旅客，安检人员应当对其采取重复通过人身安检设备或手工人身检查的方法进行复查，排除疑点后方可放行。对通过人身安检设备检查不报警的旅客可以随机抽查。

（3）手工人身检查一般由与旅客同性别的安检人员实施；对女性旅客的手工人身检查，应当由女性民航安全检查员实施。

（4）对要求在非公开场所进行安全检查的旅客，如携带贵重物品、植入心脏起搏器的旅客和残疾旅客等，民航安检机构可以对其实施非公开检查。检查一般由两名以上与旅客同性别的民航安全检查员实施。

（5）对有下列情形的，民航安检机构应当实施从严检查措施：① 经过人身检查复查后仍有疑点的；② 试图逃避安全检查的；③ 旅客有其他可疑情形，正常检查无法排除疑点的。从严检查措施应当由两名以上与旅客同性别的民航安全检查员在特别检查室实施。

科技助推民航

哈尔滨机场启用智能安检效率提高 80%

五一假期期间，哈尔滨太平国际机场 T2 航站楼 B1 区 4 条安检通道投入使用，并启用智能旅客安检系统，让安检效率大幅提升。

这套智能旅客安检系统高峰小时过检旅客约 220 人，而原来的安检系统高峰小时只能通过 120 人左右，效率提高 80%以上。随着 4 条智能安检通道的投用，有效缓解了旅客高峰时段哈尔滨机场运行保障压力。

据介绍，智能旅客安检系统主要由自助验证闸机、安检信息系统、人脸识别系统、毫米波安检门、安检一体化通道组成。在原来的传统安检模式中，每一个安检环节基本都靠人工操作，而“智能旅客安检系统”对标“智慧机场”建设需求，在安检现场实现了“人防+技防”效果。

该系统可以实现旅客自助验证、旅客过检信息自动集成、自动分拣安全行李与可疑行李、自动节能、自动回传行李托盘等功能，能够自动完成旅客的“人”“票”“证”三合一核验，确保本人持证过检，高效便捷。同时，结合 RFID（无线射频识别跟踪技术）与一体化通道自动分拣技术，借助人脸识别，系统还能将旅客信息与旅客物品做到“人包绑定”，实现同步过检，有效避免行李被误拿。

（二）行李安检

（1）旅客的托运行李和非托运行李应当经过民航行李安检设备检查。发现可疑物品时，安检人员应当实施开箱包检查等措施，排除疑点后方可放行。对没有疑点的随身行李物品可以实施开箱包抽查。实施开箱包检查时，旅客应当在场并确认箱包归属。

（2）对禁止旅客随身携带但可以托运的物品，安检人员应当告知旅客可作为行李托运、自行处置或者暂存处理。对于旅客提出需要暂存的物品，应为其提供暂存服务，但暂存物品的存放期限不超过 30 天。

（3）有下列情形之一的，民航安检机构应当报告公安机关：① 随身携带或者托运属于国家法律法规规定的危险品、违禁品、管制物品的；② 随身携带或者托运第①条规定以外民航禁止运输、限制运输物品，经民航安检机构发现提示仍拒不改正，扰乱秩序的；③ 在行李物品中隐匿携带第①条规定以外民航禁止运输、限制运输物品，扰乱秩序的；④ 对民航安检工作现场及民航安检工作进行拍照、摄像，经民航安检机构警示拒不改正的；⑤ 逃避安全检查或者殴打辱骂民航安全检查员或者其他妨碍民航安检工作正常开展，扰乱民航安检工作现场秩序的。

（4）有下列情形之一的，民航安检机构应当采取紧急处置措施，并立即报告公安机关：① 发现爆炸物品、爆炸装置或者其他重大危险源的；② 冲闯、堵塞民航安检通道或者民用运输机场控制区安检道口的；③ 在民航安检工作现场向民用运输机场控制区内传递物品的；④ 破坏、损毁、占用民航安检设备设施、场地的；⑤ 其他威胁民用航空安全，需要采取紧急处置措施行为的。

（5）有下列情形之一的，民航安检机构应当报告有关部门处理：① 发现涉嫌走私人员或者物品的；② 发现不属于公安机关管理的危险品、违禁品、管制物品的。

旅客至上

北京大兴国际机场推出安检限带品寄送暂存服务

“现在从大兴机场出发带了不能随身带上飞机的物品，可以直接快递回家，点个赞！”从大兴机场乘机出行的罗女士对安检限带品寄送服务赞不绝口。

近日，大兴机场推出安检限带品寄送服务，旅客只需登录大兴机场 App 或者微信小程序，选择与市内“同城同质同价”的快递服务，在线“一键即递”，就可尽享无忧登机。其中，快递物品范围参照国家邮政局、公安部、国家安全部发布的《禁止寄递物品管理规定》执行。这项服务是大兴机场根据民航局“我为群众办实事”任务中“提升机场旅客安检效能及过检体验”的相关要求，经过周密部署及内外部专家评测，完成流程创新及系统升级后上线的。

结合旅客的不同需求，大兴机场还同步保留了安检限带物品暂存服务，并将领取方式升级为“无接触”自助领取。旅客同样可通过大兴机场 App 或微信小程序，在线“一键即存”，按照预约时间前往航站楼国内进港行李厅出口处的自助物品领取柜，扫码或输入取件信息，完成暂存物品自助领取。

任务实施

制作旅客安检流程立体书

以 3 人为一小组，根据所学知识制作旅客安检流程立体书。要求：

（1）视频需呈现完整、正确的旅客安检流程。

（2）形式不限，但需保证画面和声音清晰，并添加必要的文字说明。

（3）立体书制作完成后，在班内举办“安检我知道”主题立体书展览活动。

任务评价

请评价人员根据表 3-5 对上述任务实施情况进行评价。

表 3-5　任务实施评价表

评价标准	分值	自评	互评	师评
能够完整、正确地呈现旅客安检流程	40			
立体书清晰度高，讲解清晰	30			
立体书形式新颖，美观大方，制作精良	20			
小组合作良好，分工明确	10			
合计	100			
总评（自评×20%+互评×20%+师评×60%）				

任务四　导乘、接机与送机

任务清单

请根据任务清单完成课前预习、课中学习和课后复习，完成后在对应的方框内打“√”。

课前预习	□	查找资料，了解导乘、接机、送机相关资讯
课中学习	□	熟悉导乘工作内容，接机、送机工作流程，接机、送机特殊情况处理
	□	了解导乘工作职责与要求
课后复习	□	完成任务实施，深化对课上所学知识的掌握和应用
	□	回顾本任务所学知识，总结知识重点、难点，建立知识脉络体系

任务导入

首都机场率先完成“智能旅客导乘导航屏”系统核心功能的开发。该系统基于领先的人工智能技术，为旅客提供航班信息及动态、登机口“断点续航”导航、目的地信息提醒、店铺位置及优惠信息精准推荐等服务，是首都机场以新技术推动机场服务模式创新和践行机场智慧化建设的重要实践，旨在为旅客提供主动、及时、精准及个性化的综合服务。

智能旅客导乘导航屏能将旅客人脸与身份信息进行绑定，旅客授权后，刷脸就能即刻获取个人航班信息及动态，比如航班号、登机口位置及步行时间、登机时间提醒等，方便旅客查询航班信息、规划登机行程。更贴心的是，该系统还能根据旅客所在的位置，提供去往登机口的最佳路径并进行实景导航。即使旅客中途忘记路线，该系统也能基于其当前所在位置提供导航，大大减少了旅客的误机风险。

随着高新技术的不断发展，旅客在信息感知、获取及出行、消费模式等方面均发生了巨大变化，机场传统的服务模式已经难以满足旅客的需求，急需创新转变。智能旅客导乘导航屏旨在结合新技术，为首都机场旅客综合服务提供新窗口与新路径，为旅客带来便捷化、智能化、精准化的服务体验，提高旅客服务满意度。

请思考

导乘的工作内容是什么？智能化导乘服务有什么优点？旅客登机前后，工作人员需要完成哪些工作？

知识讲解

一、导乘

导乘就是引导旅客乘机。除此之外，在一些特殊的状况，如航班延误的状况下，导乘人员需要协助值机员和客运人员通知旅客并进行相关的服务工作，或协助客运员为特殊旅客服务等。导乘工作具有随机性和主动性，导乘人员要注意观察是否有需要帮助的旅客，主动为旅客提供相关服务。

（一）导乘工作内容

1．解答旅客问询

机场在离港（出发）大厅会设有多个问询柜台（见图 3-13），并设有固定的工作人员在问询柜台，主要解决旅客乘机的相关问题。现在很多大型机场的入港大厅也会设置问询柜台，主要是为了方便解答旅客从机场出发到各地的交通问题，或是城市旅游的相关问题，方便旅客出行。

图 3-13　问询柜台

2．引导旅客办理相关乘机手续

导乘人员一般会在出发大厅，穿着航空公司或者机场的制服，并佩戴相关的可识别的身份标识，使不清楚乘机相关流程的旅客或者遇到困难的旅客能够快速找到他们，询问相关办理乘机手续的流程（如售票、办理登机牌、行李打包、托运行李、购买相关物品等）或请求提供其他帮助等。

3．帮助旅客使用新的设备设施

随着科技的快速发展，机场的设备设施也发生着日新月异的变化，很多旅客可能不清楚相关变化或者不会使用相关设备，因此航空公司和机场应专门安排导乘人员给予旅客协助。例如，导乘人员可以协助旅客进行自助值机和自助行李托运。

4．提供候机隔离区的引导服务

旅客通过安检后即进入机场候机隔离区，此时，导乘人员的工作主要是协助旅客找到登机口。如果旅客有其他需求，如购物、吃饭、去洗手间等，导乘人员可引导其到相关的地点。

5．帮助特殊旅客

例如，对行动不便的老年旅客和轮椅旅客，不论是其出发时从值机柜台到登机口，还是到达时从登机口到接机大厅，导乘人员都应主动为其提供帮助。无成人陪伴儿童需要全程的陪伴和照顾，导乘人员需要在值机柜台接送无成人陪伴儿童到登机口，并在其下机后将其送到接机大厅与监护人进行交接。

6．提供经停、中转和联程引导服务

旅客下机时，导乘人员需要协助登机口服务人员对旅客进行分流。如果旅客是经停，则需要引导旅客在候机厅休息等候，并在下一航段登机时，安排经停旅客优先登机。如果旅客是中转联程，则应在旅客下机后引导其去中转柜台办理相关手续。

7. 提供到达引导服务

到达引导服务主要指引导旅客提取行李，出机场。

8. 帮助遇到困难的旅客

（1）帮助有效身份证件未携带或丢失的旅客

如果旅客忘记携带有效身份证件或者在机场内发现有效身份证件丢失，导乘人员可引导其凭有效身份证明（如身份证号、社保卡、驾驶证等），到机场派出所、民警值班室或自助机（见图 3-14）办理临时身份证明。

图 3-14 临时身份证明自助打印机

（2）帮助登机牌丢失的旅客

如果旅客不慎丢失登记牌，导乘人员应协助旅客寻找。如果确实丢失找不到，导乘人员应带领旅客到特殊服务柜台或者主任柜台重新办理登机牌。

（3）帮助行李丢失或行李破损的旅客

若旅客行李丢失或发生破损，导乘人员应引导旅客到行李查询柜台进行查询。

（4）帮助走失的旅客

若旅客同行人员走失或旅客自己走失而寻求帮助，导乘人员应通知广播室进行广播，协助旅客进行寻找。

（二）导乘工作职责与要求

导乘和其他地面服务工作的不同之处在于，其他地面服务工作有固定的工作流程或固定的操作程序，而导乘工作是主动去发现需要帮助的旅客，主动为旅客提供服务，这就要求导乘人员必须具有主动性和灵活性，同时应满足以下要求：

（1）熟悉机场的布局和设备设施的使用方法，地面服务各个岗位的工作职责和内容，客货运输条件和航空公司的运输规则，机场安全运营规则，安检要求，城市交通和旅游相关信息；了解服务心理学和急救知识等。

（2）对于寻求帮助的旅客，必须提供相应的服务，帮助其解决问题，不能解决时则寻求其他部门的帮助，不能用“不知道、不清楚”等搪塞旅客。

（3）对于值机或者登机口服务人员提出的帮助需求，要积极地予以回应和帮助。

（4）为旅客服务时注意礼仪姿势和礼貌用语。

二、接机与送机

登机口服务人员的主要工作是进行接机和送机的相关服务。接机和登机一般是同时进行的，先接机，然后在进行客舱清洁和飞机准备后安排旅客上机，送航班离开。两者也有可能分开进行，航班入港后，若没有后续航行任务，则只需提供接机服务；航班之前没有飞行任务，则只需提供送机服务。

（一）工作流程

1. 做好准备工作

了解航班信息、出入港时间、旅客人数、有无特殊旅客、停机位以及远机位登机还是廊桥登机等。准备对讲机、行立牌、相关指示牌等，如果有航班不正常情况，应准备好通知牌。

2. 到达登机口

如果需要接机，廊桥机位需在航班到达前 10～15 分钟到达登机口，远机位需在航班到达前 15～20 分钟到达登机口。到达登机口后，摆放好相关物品，打开计算机，进入系统，输入航班号提取旅客信息。如果有特殊旅客，则安排人员接送特殊旅客。

3. 迎接飞机

廊桥接机时，应在廊桥停稳后在舱门旁等候。远机位接机时，应乘坐摆渡车接机，并注意客梯车是否停好、客梯是否对准机舱门等，确认无误后，在客梯处迎接旅客。

4. 拿取舱单

从机舱内拿取舱单，了解航班载重信息和旅客信息。

5. 安排旅客下机

注意旅客的下机安全，组织旅客有序前往到达大厅。如果是远机位飞机，则安排旅客有序走下客梯车，前往摆渡车。旅客进入摆渡车后提醒旅客站稳，检查车门是否关好，然后和旅客一起乘坐摆渡车前往到达大厅，指引旅客前往行李提取处。

6．等待航班准备

在登机口安排乘机旅客有序候机，了解航班上的准备情况和飞机的配载情况，随时和配载室联系，拿取即将执行飞行任务的航班的舱单。

7．通知旅客登机

在拿取舱单和询问机长航班准备工作就绪后，通知广播室广播登机。

8．安排旅客登机

优先安排头等舱旅客和特殊旅客登机，随后安排其他旅客有序登机，如图 3-15 所示。旅客登机时，通过扫描仪扫描其登机牌信息，并撕下登机牌副联。

图 3-15　登机

9．通知未登机旅客登机

在计算机系统中找出未登机旅客，通过广播多次通知未登机旅客。

10．增减人数和行李数

如果有旅客在多次通知后仍旧没有登机，需要在舱单上修改旅客的人数和重量。如果未到的旅客有托运行李，则通知行李室找出托运行李，并在舱单上减去行李重量，并将数据报告配载室。

11．核对人数

检查计算机系统中的旅客信息，核对登机人数和撕下的登机牌副联数是否一致，同时将核对后的人数报告乘务长，与乘务员计算出的人数进行核对。如果不一致，则需重新进行核查。

12．送机

在核对旅客人数正常后，乘务长通知机长，登机口服务人员报告配载室，经同意后将舱单送上飞机。舱门关闭后，登机口服务人员工作结束。

13. 记录

记录航班信息，保存好登机牌副联，将到站航班的舱单送到配载室。

（二）特殊情况处理

1. 行李超大超重

登机口服务人员在检查登机牌的同时，还需要检查旅客随身携带的行李是否超大超重，如果是，则拴挂行李牌，安排行李托运，并通知配载室增加行李重量。

2. 有旅客不适合登机

不适合登机的旅客包括没有相关证明的病残旅客、没有相关证明的孕妇旅客，或者酒醉旅客、身体不适旅客等。遇到此类旅客，登机口服务人员应与特殊服务柜台或值班主任联系。

3. 登机口变更

若登机口发生变更，登机口服务人员应联系广播室进行广播通知，同时在原登机口和现登机口都放置通知牌。如果发现有未登机旅客，可到原登机口寻找并进行广播通知。

4. 旅客登机牌遗失

如果距离登机还有一段时间，可让旅客到相关柜台进行补办。如果时间不允许，可以让遗失登机牌的旅客最后登机，在其他旅客登机后确认这位旅客的座位空出时，可以在检查旅客身份证后让其登机，但是要做好记录工作，并通知服务室。

5. 旅客行李需寄存或遗失

登机口服务人员一般不为旅客提供行李寄存服务，如果旅客需要寄存行李，可引导其前往行李寄存处寄存。如果旅客行李遗失，可以询问旅客意见，旅客要继续飞行的，安排旅客乘机，留下旅客联系信息，联系相关部门帮助旅客寻找；如果旅客要留下寻找的，则给予旅客协助。

最美民航人

一次常规航班保障：用行动诠释民航人的责任与担当

冯晨就职于云南红土航空股份有限公司（以下简称“红航”）旅客服务部地服分部，从事地服行业已有8年，他的工作职责是服务保障旅客、协调保障航班、处理突发事件。

每次前往登机口保障航班前，冯晨要先进行航班保障前的信息查询，确认飞机落地情况，然后正式开始航班保障工作。

开始航班保障工作后，冯晨首先会来到飞机后舱，检查机上备用品是否齐全，检查机上杂志及安全须知卡的配备情况，为航后补充物资提供信息；然后前往登机口，通过对讲机与相关部门进行信息沟通，确认旅客过安检情况；接着前往客舱内与客舱乘务员交接头等舱旅客信息；随后再返回登机口，监管登机口检票排队情况，核对旅客登机情况；旅客登机完毕后再次返回舱门，确认舱单是否到达客舱；最后舱门关闭，一个航班的保障工作完成。

这是一次常规航班的现场保障，往返各岗位之间，反复沟通、确认、监管，确保旅客准时登机、行李货物一一到位，一刻都不停歇。如果出现航班延误则要彻夜工作，与旅客沟通，安排配餐、车辆、住宿等，以确保所有旅客都得到安置。此外，还要与相关部门沟通，保障航班在允许的条件下尽快执行，让旅客更早抵达目的地。

冯晨认为，做好航班保障这项工作，一定要认真负责、头脑清晰，时间观念要强，富有责任心，与旅客和相关单位沟通非常重要，一言一行都要规范。

冯晨是地服人的一个缩影，认真、严谨、肯吃苦、不抱怨的职业精神在他们身上得以彰显。每一次航班起落，都有他们辛勤工作的身影，无论何时，他们都一如既往地坚守岗位，默默地保障航班，用行动践行红航共享天空、共享世界、共享美好旅程的使命。

任务实施

情景模拟——导乘

情景：小王是机场的一名导乘人员，他的工作重点是竭尽所能为旅客排忧解难。王女士一家第一次乘坐飞机，不知道乘机流程，小王热情地带领王女士一家到值机柜台办理值机；刘先生不知道自助值机机和自助行李托运机如何操作，小王详细地为刘先生讲解；李女士候机时突然发现身份证丢失，小王帮助李女士积极寻找，并在寻找未果后帮助李女士办理了临时身份证明。

实施步骤：

（1）自行分组，4 人为一小组，1 人饰演小王，其余小组成员饰演旅客。

（2）根据以上情景改编一份情景剧剧本，可进行适当的延伸。

（3）分组进行模拟，一组模拟时，其余组认真观看并做好记录。

（4）全部小组模拟结束后，相互进行点评和打分。

任务评价

请评价人员根据表 3-6 对上述任务实施情况进行评价。

表 3-6　任务实施评价表

评价标准	分值	自评	互评	师评
能够根据旅客情况积极为旅客提供帮助，并妥善解决旅客问题	45			
服务时热情、耐心	10			
剧本内容丰富，表演形象生动	20			
小组合作良好、分工明确	10			
能够认真点评其他小组的情景模拟，并提出合理的优化方案	15			
合计	100			
总评（自评×20%+互评×20%+师评×60%）				

任务五　处理旅客中转业务

任务清单

请根据任务清单完成课前预习、课中学习和课后复习，完成后在对应的方框内打“√”。

课前预习	□	查找资料，了解各航空公司中转服务产品
	□	查找资料，了解中转相关资讯
课中学习	□	掌握国内航班中转国内航班、国内航班中转国际航班、国际航班中转国内航班、国际航班中转国际航班的服务流程
	□	熟悉中转的概念、转机点的概念和分类、中转旅客的分类
课后复习	□	完成任务实施，深化对课上所学知识的掌握和应用
	□	制作旅客中转科普视频，并发布于公共视频平台上
	□	回顾本任务所学知识，总结知识重点、难点，建立知识脉络体系

任务导入

中国航信与长沙黄花国际机场（简称“长沙机场”）联合举办了以“乐享经长飞，湘遇在星城”为主题的机场旅客中转便利化暨省际跨航司行李直挂服务发布会。在中国航信的倡议下，长沙、深圳、昆明、郑州、兰州 5 家机场共同组成“跨省中转通机场联盟”。今后，旅客在这 5 家机场中转，可实现一次值机、一次安检，标志着国内机场中转业务与省际跨航司行李直挂服务取得新突破。

据长沙机场相关负责人介绍，传统转机模式下，旅客在转机时需要进行二次值机以及行李二次安检，但在建立联盟的机场之间中转，旅客不需要在中途取行李（春秋航空、九元航空除外），可享受省际跨航司行李直挂服务。而且，长沙机场还在中转产品上再度升级，推出“四免”服务：中转停留时间在 2～24 小时的中转旅客，可享受免费餐食、免费行李寄存、免费休闲；停留时间在 8～24 小时且隔夜的中转旅客可享受免费住宿。根据实际情况，机场还可为中转旅客提供便捷办理值机、紧急中转引导、优惠乘车、跨航司行李直挂、惠游星城的“五享”服务（具体规则以机场发布为准）。

请思考

旅客中转服务流程是怎样的？“跨省中转通机场联盟”的建立为民航工作人员和旅客带来哪些便捷？

知识讲解

一、旅客中转概述

（一）中转的概念

中转即转机，是指旅客因旅行的需要而在航程中某一点衔接续程航班。一般情况下，中转是由客观原因造成的，如航空公司没有提供直达航班，或者旅客出发当地没有开通直达的航线，这时旅客只能选择中转。但有时因联程航班相较于直达航班价格低廉，旅客也会选择中转联程航班。

扫一扫

中转航班

（二）转机点的概念和分类

中转的地点称为转机点，包括中途分程点和非中途分程点。根据国际航协的规定，中途分程点为旅客在转机点停留时间超过 24 小时的转机点，非中途分程点为旅客在转机点停留时间在 24 小时之内的转机点。确定航程中的中途分程点和非中途分程点是确定航程类别、进行运价计算、填开客票及提供中转服务的基础。

民航智慧园

最短中转时间

最短中转时间是指在正常情况下，在指定机场由一个航班中转到其续程航班所花费的最短时间，又称最短衔接时间。机场最短中转时间标准由国际航空运输协会综合机场服务设施、机场联检单位、航空公司地面保障等因素制定，并发布于官方航空指南中。如果旅客选择联程航班出行，售票员可根据最短中转时间为旅客推荐航班；在始发站，值机员应检查旅客在中转机场的最短衔接时间是否足够，来决定是否向旅客声明相关的免责条款；在中转机场，航空公司中转部门应协助由各种原因造成的实际转机时间少于最短衔接时间的旅客及其行李顺利转机。

（三）中转旅客的分类

通常，根据中转旅客的出发航班和续程航班相应的国内或国际运输情况，中转旅客可分为“国内转国内”中转旅客、“国内转国际”中转旅客、“国际转国际”中转旅客和“国际转国内”中转旅客。根据中转旅客的出发航班和续程航班所属的航班公司不同，中转旅客可分为“同航转机”旅客（同一航空公司航班之间的转机旅客）和“跨航转机”旅客（不同航空公司航班之间的转机旅客）。需要注意的是，如果同一个城市中有两个及以上的运营机场，中转旅客可能会在不同机场之间转机。

二、旅客中转服务流程

（一）准备工作

为确保中转工作的顺利开展，航空公司从事中转服务业务的人员需要认真做好相应的准备工作：

（1）查看中转旅客名单，了解需转乘本公司或其他承运人航班的旅客人数。

（2）如果因该航班的延误而造成旅客转接航班的衔接时间不够，应做好各种必要的应急准备以帮助有关旅客迅速办理转机手续。

（二）中转站旅客中转服务

1. 国内航班中转国内航班

“国内转国内”中转旅客是指航程均在同一国境内的转机旅客。旅客在国内到达厅提取托运的行李后，即可在中转柜台办理联程航班的乘机手续。中转人员按照国内旅客运输规定查验旅客的机票、证件后，为旅客办理登机牌和行李托运手续，然后指引旅客前往国内出发厅，如图 3-16 所示。

图 3-16 中转厅

中转人员具体工作流程如下：

（1）根据外站传真或中转旅客信息查询系统，了解中转旅客的信息情况。

（2）航班到达后，引导旅客前往中转厅办理转机手续、机票再证实等。

（3）复核中转旅客人数、行李件数及重量。

（4）在乘机联本上登记清楚中转旅客乘机联的航段、张数。

（5）交接中转旅客的行李。

2. 国内航班中转国际航班

“国内转国际”中转旅客是指国内到达航班旅客在中转站办理出境手续后，转接续程航班为国际航班的旅客。旅客到达中转站后，自行认领托运行李，在中转人员的帮助下，前往国际出发厅；经过联检（对出入境人员进行边防、海关、卫生检疫、动植物检疫联合检查）后，在国际中转柜台办理乘机手续。中转人员具体工作流程如下：

（1）根据外站传真或中转旅客信息查询系统，了解中转旅客的信息情况。

（2）引导中转旅客办理联检手续。

（3）引导旅客到国际中转柜台，为旅客办理乘机手续、机票再证实等服务。

（4）集中行李，在规定时间内运送到国际柜台，由国际中转柜台按时发放。

（5）清点国际乘机联或相关文件，在国际乘机联本上注明航程、数量。

3. 国际航班中转国内航班

“国际转国内”的中转旅客是指国际到达航班旅客在中转站办理入境手续后，转接续程航班为国内航班的旅客。“国际转国内”的中转旅客到达中转站，办妥相关的联检手续后，前往中转柜台。中转人员按照国内旅客运输规定查验旅客证件、机票后，为旅客办理登机牌和行李托运手续，然后指引旅客前往国内出发厅登机。中转人员具体工作流程如下：

（1）根据外站传真或中转旅客信息查询系统，了解中转旅客的信息情况。

（2）引导中转旅客过办理联检手续。

（3）旅客出关后，引导旅客到国内中转柜台，为中转旅客办理转机手续、再证实机票。

（4）复核中转旅客的所有信息，包括人数、行李件数及行李重量。发现实际到达的中转旅客信息不符时，及时做出更改。转机记录上有行李，但旅客未与中转柜台联系，在旅客转接的续程航班起飞前 40 分钟将该旅客在前站接收的行李信息删除。如登机后发现缺少该旅客，按出发航班无行李旅客未登机处理。如旅客在中转站未按照规定提取行李过海关，工作人员应将该旅客的行李信息删除，将行李交行李查询部门处理。

（5）将乘机联的航段、张数在乘机联本上登记清楚。

（6）交接行李，做好交接记录并签字。

4. 国际航班中转国际航班

“国际转国际”中转旅客是指国际到达航班旅客在中转站办理入境或过境手续后，转接续程航班为国际航班的旅客。“国际转国际”中转旅客只持有过境签证，旅客到达后，不能随意离开边防检查站监管的过境厅，旅客的乘机手续只能由中转服务人员协助办理。

民航小贴士

“国际转国际”中转旅客符合入境要求并且需要入境的，由旅客本人自行办理入境的边防、海关及检疫检查手续，并自行认领托运行李，前往国际出发厅办理出境和联程航班乘机手续。

中转人员具体工作流程如下：

（1）根据系统数据、外站传真等，预先了解转机旅客情况。

（2）航班到达后，在到达大厅处引导旅客过联检部门，并检查旅客机票。

（3）为旅客换登机牌，同时查看旅客托运行李的件数及行李牌的目的地。

（4）引导旅客办理出境或过境手续。

（5）核对完转机的行李件数和目的地后，统一与相关部门做好交接工作。

（6）复核中转旅客人数，中转行李件数、重量。

民航小贴士

为便捷中转，各航空公司为中转旅客开通了各种便捷中转服务产品，通过此产品，旅客可享受快捷中转、行李免提等服务，在始发站可办理直到目的地的登机牌、行李票，不需要在中转站再次办理后续航班乘机手续，使中转更加简单、方便。在进行中转服务时，中转人员应在航班到达前了解办理便捷中转的人员、行李信息，并进行记录，以便核对；航班到达后，中转人员接收办理便捷中转旅客的相关文件并进行核对，分拣旅客行李后直接与装卸人员交接；旅客到达中转站后，中转人员需引导旅客前往中转厅，并核对旅客人员、行李信息。

政策引领

民航局印发《民航旅客中转便利化实施指南》

2021年2月10日，为提升民航的通达性、衔接度和运行效率，全面改善中转服务品质和旅客中转出行体验，民航局印发《民航旅客中转便利化实施指南》（以下简称《指南》），在全行业推行国内旅客中转便利化服务，对旅客服务、行李服务、航班不正常处理等方面进行了详细规定。

《指南》在总结国内中转旅客跨航司行李直挂服务试点等相关实践基础上编制而成，旨在激发航空市场潜力，切实增强人民群众航空出行获得感、体验感、幸福感；构建完善系统布局效率运行的航空运输网络体系和“干支通，全网联”的航空运输服务网络，优化资源配置，持续提升我国民航核心竞争力，努力打造以人民满意、真情服务为内核的中国民航服务品牌。《指南》主要明确了中转便利化服务的基本做法与要求、国内通程航班的定义和服务标准，同时将通程航班作为有服务、有标准、有保障、有温度的精品中转服务在行业内推广。另外，《指南》还提供了华夏航空、海航集团、西安咸阳国际机场等单位的已有经验供行业参考。

针对旅客服务，《指南》提出：承运人、机场、航空销售代理人等各相关单位在销售中转便利化服务产品或通程航班产品时，应明确告知购票人服务内容，包括客票购买与变更、免费行李额与逾重行李收费标准等相关信息；在旅客办理值机环节告知旅客可选择的一次支付、一次值机、一次安检、行李直挂等便捷服务，如遇航班不正常，应告知旅客行程变更信息及相关保障措施；在中转环节设置指引标识，合理安排地面服务人员提供指引服务等协助；机场应尽可能简化值机、安检、行李托运等中转流程，优化机场最短中转衔接时间，结合旅客需求与机场实际，推出快线中转、隔夜中转、跨航司中转等特色服务；提升信息化、网络化、数字化水平，确保相关主体快速获取中转旅客行李及航班信息。

针对行李服务，《指南》指出，承运人、始发机场或地面服务代理人应在值机柜台告知旅客中转便利化和通程航班服务内容，包括行李直挂服务、免费行李额、逾重行李收费标准与收费方式等相关信息；直挂行李在始发机场应拴挂相关标识，装机时尽量放置在机舱指定区域；直挂行李在中转机场转运时，承运人、机场应协调相关保障部门做好托运行李转运服务；中转机场须收集通程航班托运行李影像信息，并留存至少21日。

《指南》明确了航班不正常情况的处理方法。若双方承运人有特别约定的，按约定办理并提前告知旅客。其他情况下，应有专人负责处理相关服务事宜，按照前段或后段航班不正常明确双方责任。若托运行李运输过程中出现异常情况，有特别约定的，按约定办理并提前告知旅客；其余情况下，目的地机场出现行李不正常时，服务提供方应及时通知旅客，按照规章及合同约定相关条款提供解决方案。

特别是针对国内通程航班，《指南》还提出，在提供中转便利化旅客服务的基础上，还需满足以下全部条件：① 开展跨航司业务合作的通程航班承运人应制定并公布有关运输条件；② 通程航班服务涉及的承运人、机场应在始发机场、中转机场安排专人或柜台提供指引、值机、行李托运、无忧中转、投诉受理等相关服务；③ 通程航班实行备案制，承运人、航空销售代理人及网络销售平台不得将未经备案的通程航班产品以通程航班的名义进行销售。若通程航班目的地机场出现行李不正常时，通程航班后段承运人应按首问负责原则，按照保障协议先行提供解决方案并作妥善处理，随后再根据中转机场影像留存信息等资料做好责任划分和费用结算。

另外，《指南》还制定了相关保障措施，要求全行业协同联动、鼓励创新，明确标准、强化保障，加快推广、扩大影响。

任务实施

书写心得体会

仔细阅读上述“民航局印发《民航旅客中转便利化实施指南》”的内容，根据所学知识，查阅相关资料，写一篇心得体会。要求：

（1）感受我国民航人坚守“我为群众办实事”的决心和信念。

（2）对我国当前的机场中转服务进行评价和分析。

（3）提出自己好的改进建议和想法。

任务评价

请评价人员根据表 3-7 对上述任务实施情况进行评价。

表 3-7　任务实施评价表

评价标准	分值	自评	互评	师评
能够通过认真阅读《民航旅客中转便利化实施指南》的相关内容，深刻感悟我国民航人坚守“我为群众办实事”的决心和信念	30			
能够积极查阅资料，对我国当前的机场中转服务进行合理的评价与分析	30			
能够结合所学知识，查阅相关资料，提出好的改进建议和想法	30			
文章结构合理，逻辑清晰，语言规范	10			
合计	100			
总评（自评×20%+互评×20%+师评×60%）				

项目学习效果综合测试

一、不定项选择题

1. 登机牌通常可分为（　　）。

A. 经济舱登机牌　　B. 头等舱登机牌

C. 过站登机牌　　D. 公务舱登机牌

2. 根据运输责任范围不同，行李可分为（　　）。

A. 旅客自带行李　　B. 托运行李　　C. 非托运行李　　D. 逾重行李

3. 旅客的托运行李超过其免费行李额的部分，称为（　　）。

A. 非托运行李　　B. 超重托运行李　　C. 逾重行李　　D. 自付行李

4. 国内运输每位旅客行李的声明价值最高限额为（　　）元。

A. 3 000　　B. 5 000　　C. 8 000　　D. 10 000

5. 离港系统中用于接收旅客的指令是（　　）。

A. PU　　B. PR　　C. PA　　D. PD

6. 值机员在安排座位时，应遵循的原则有（　　）。

A. 航班座位不满时，要兼顾飞机平衡，尽量安排旅客平均分布

B. 紧急出口旁的座位应安排孕妇旅客、无成人陪伴儿童旅客、病残旅客等

C. 同行旅客、家庭旅客尽量安排在相邻座位上

D. 担架旅客一般安排在客舱头部，且不能安排在紧急出口旁边

7. X射线安检仪操作检查员连续操机工作时间不得超过（　　）分钟，再次操作X射线安检仪间隔时间不得少于（　　）分钟。

A. 20，20　　B. 30，20　　C. 30，30　　D. 20，30

8. 安检工作内容包括（　　）。

A. 查验旅客身份

B. 查验旅客人身安全

C. 行李安检

D. 进入民用运输机场控制区的其他人员、物品及车辆的安全检查

9. 下列关于接机、送机工作内容的说法，错误的是（　　）。

A. 如果未到的旅客有托运行李，则先安排托运行李运送至目的地

B. 遗失登机牌的旅客不可登机

C. 优先安排经济舱旅客登机，随后安排头等舱旅客和特殊旅客登机

D. 应多次通过广播通知未登机旅客

二、实践题

1.【情景】一旅客购买了一张从北京至上海的经济舱客票，并携带了 30 千克的行李。在机场办理托运时，工作人员告诉他行李超重，需要额外支付费用。已知北京至上海的经济舱票价为 1 000 元。

请思考：该旅客需要额外支付的费用是多少？如果该旅客购买的是公务舱或头等舱客票，是否还需要额外支付费用？为什么？

2.【情景】一旅客从北京飞往广州，决定为托运的 7 千克行李办理 6 000 元的声明价值。已知北京到广州的经济舱票价为 2 000 元。

请思考：该旅客应该缴纳的声明价值附加费是多少？如果该旅客还想为自己随身携带的行李办理声明价值，工作人员会为他办理吗？为什么？

3.【情景】值机员正在为旅客办理值机手续，此时一位旅客突然插队进来，说自己的飞机马上要起飞了，要求值机员立即为他办理值机。值机员查阅该旅客航班信息，发现该航班将于 20 分钟后起飞，现在已经停止办理值机手续了，于是立即告诉该旅客已经无法办理值机手续，并指引旅客去售票处办理退票改签手续。旅客到退票处得知需要收取退票费后感到很生气，又回到值机柜台，提出要对值机员进行投诉。值班主任在得知这件事情后，前往值机柜台进行调解。

请思考：如果你是值班主任，你将如何进行调解？

4. 以“值机、安检旅客注意事项”为主题制作科普视频，并发布于公共视频平台上。

项目学习总结与思考

学习要点与难点（请以思维导图的形式列出）	
待（未）解决的问题	

表（续）

拟解决的方法	
已解决的问题	
经验总结	
学习心得	
思想感悟	

项目四

旅客特殊运输服务

项目导读

随着国民生活水平的不断提升，以及民航业内部服务的不断细化，特殊旅客（孕妇旅客、婴儿旅客、病残旅客等）的人次也有大幅提升。相较于普通旅客，特殊旅客的出行往往需要民航服务人员提供更加无微不至的关怀，航空公司和机场内部多个部门、多个工种的服务人员需要进行双向、甚至多向沟通，为特殊旅客提供从购票开始直至抵达目的地的各类服务，以成功保障特殊旅客的安全出行。

此外，在旅客运输过程中，难免会出现一些非正常运输情况，有时是旅客原因所致，有时是航班原因所致。为保障旅客的安全顺利出行，民航服务人员必须针对各种情况提前准备一套妥善的解决方案，并在实际工作过程中做好应急处理。

做好旅客特殊运输服务工作，不仅能体现一家航空公司的服务理念，也是各家航空公司竞争市场份额强有力的保障。

学习目标

知识目标

- 熟悉特殊旅客的类型。
- 掌握特殊旅客的服务保障要求。
- 熟悉误机、漏乘、错乘、超售、航班延误、航班取消、航班备降和航班返航的概念及原因。
- 掌握旅客不正常运输和不正常航班的处理措施。

技能目标

- 能够运用所学知识，为特殊旅客提供优质服务。
- 能够运用所学知识，正确处理旅客不正常运输情况。
- 能够运用所学知识，在航班不正常时正确安置与服务旅客。

素质目标

- 坚守真情服务底线，努力完善自我，为旅客营造更好的出行环境，使旅客享受更舒适的出行体验。
- 不忘初心，牢记使命，努力提高理论学习的自觉性，增强责任感、使命感，将个人奋斗融入民航发展，将个人追求融入国家富强，将个人理想融入民族振兴，将个人价值融入人民的伟大梦想。

任务一　掌握特殊旅客运输服务

任务清单

请根据任务清单完成课前预习、课中学习和课后复习，完成后在对应的方框内打“√”。

课前预习	□	查询资料，了解特殊旅客的含义及分类
	□	登录航空公司官网，了解各航空公司运输特殊旅客的具体规定
课中学习	□	掌握重要旅客、孕妇旅客、婴儿旅客、无成人陪伴儿童旅客、病残旅客的运输服务要求
	□	熟悉特殊旅客的分类及各类型定义
课后复习	□	完成任务实施，深化对课上所学知识的掌握和应用
	□	查询特殊旅客服务事例，感受民航真情服务，并总结经验，写一篇心得体会
	□	回顾本任务所学知识，总结知识重点、难点，建立知识脉络体系

任务导入

为解决不同旅客的出行难题，提升特殊旅客的服务品质，呼和浩特白塔国际机场为乘机的特殊旅客准备了“爱心贴”。“爱心贴”是特殊旅客随身携带的“识别码”，以便于不同值机岗位员工为旅客提供精准快速的服务帮助。同时，机场还建立了首看责任制，要求工作人员做到主动识别，主动沟通，主动协助无陪老人、携带婴儿的旅客、轮椅旅客、孕妇等特殊旅客。当首次发现没有“爱心贴”的特殊旅客时，工作人员在经得特殊旅客同意后，会主动帮助旅客贴上一枚红色“爱心贴”，并且告知旅客“爱心贴”可以免费获得哪些暖心协助。

特殊旅客的“爱心贴”成为值机员工手中的接力棒，使热心和真挚的服务在每一个不同的值机岗位之间相互传递，真正做到了门口对门口，提供无断点服务。

请思考

特殊旅客乘机需要办理哪些手续？如何才能更好地为特殊旅客提供服务？

知识讲解

一、重要旅客运输服务

重要旅客是指具有一定身份、职务或社会知名度的旅客。从购票到乘机的整个过程，航空公司应对重要旅客给予特别的礼遇和照顾。

（一）重要旅客的类型

重要旅客分为非常重要旅客（very very important person, VVIP）、一般重要旅客（very important person, VIP）和工商界重要旅客（commercial important person, CIP）。

1．非常重要旅客

非常重要旅客包括中共中央总书记，中央政治局常委、委员、候补委员，国家主席、副主席，全国人大常委会委员长、副委员长，国务院总理、副总理、国务委员，全国政协主席、副主席，中央军委主席、副主席，最高人民检察院检察长，最高人民法院院长，外国国家元首、政府首脑，外国国家议会议长和副议长，联合国秘书长，国家指定保密要客。

2．一般重要旅客

一般重要旅客包括省长、自治区人民政府主席、直辖市市长、人大常委会主任等省部级（含副职）党政负责人，在职军级少将（含）以上军队领导，国家武警、公安、消防部队主要领导，香港、澳门特别行政区政府首席执行领导，外国政府部长（含副职）、外国大使和公使级外交使节，国际组织（包括联合国、国际民航组织）的领导，由省部级（含）以上单位或我国驻外使领馆提出要求按 VIP 接待的客人，著名科学家、文学家，中国科学院院士，对我国做出重大贡献的人。

3．工商界重要旅客

工商界重要旅客包括工商业、经济和金融界等重要、有影响的人士，重要的旅游业领导人，国际空运企业组织、重要的空运企业负责人。

民航互动营

根据所学知识，说一说：中国民航局局长属于重要旅客吗？如果属于重要旅客，属于哪一类重要旅客？

（二）重要旅客服务保障要求

1．售票与选座

（1）售票部门在接受重要旅客定座时，应详细填写“旅客定座单”，并问清旅客职务、级别和需要提供的特殊服务。同时，应征求旅客本人或其公司和接待单位的意见，如其愿意向航空公司和其他有关承运人公开身份，应在计算机定座系统中注明重要旅客的身份、职务和特殊服务要求。

（2）对重要旅客的定座要求，座位控制部门应优先予以保证。当重要旅客需预定联程、回程座位及其他服务时，要及时向联程站、回程站或有关承运人定座。

（3）如果重要旅客所乘坐的航班有变更，要尽早通知重要旅客的接待单位，以便其做出妥善安排。

（4）有重要旅客乘坐的航班，严禁犯罪嫌疑人、精神病患者乘坐，严禁危险物品装载。

（5）重要旅客乘坐其他承运人的航班，其定座手续和要求的特殊服务，应按有关承运人的规定办理。

（6）做好保密工作，尽量缩小重要旅客乘机动态的知密范围。

2. 信息传递

（1）座位控制部门收到重要旅客信息后要立即将重要旅客的姓名、职务、随行人数、乘机日期、航班、起飞时间、定座舱位、PNR 代码、到达地点、特殊服务要求等信息输入信息发布系统中，以方便航班生产调度、运行管理、机务、地面服务等各有关部门做好准备。

（2）座位控制部门要在航班起飞前一天 16：00 前，在定座系统中检查次日的重要旅客信息，包括重要旅客的姓名、职务、随行人数、乘机日期、航班、起飞时间、定座舱位、PNR 代码、到达地点、特殊服务要求等，如有变更，必须及时将信息更新至信息发布系统上。如旅客的身份要求保密或身份不明，则在职务项注明“旅客身份保密”或“身份不明”。

（3）重要旅客取消旅行或变更航班、日期时，办理变更的售票部门或重要旅客上机地点的运输业务部门应及时在计算机定座系统中取消或变更有关定座，并登录信息发布系统更新信息。

二、孕妇旅客运输服务

在高空飞行时，由于空气中氧气成分相对较少、气压较低，因此孕妇（见图 4-1）乘机有一定的限制条件，一般规定如下：

（1）怀孕 32 周或不足 32 周的孕妇乘机，除医生诊断不适宜乘机之外，可按一般旅客运输。

（2）怀孕超过 32 周但不足 36 周的孕妇乘机，应提供包括下列内容的诊断证明书：① 旅客的姓名、年龄；② 怀孕时间；③ 旅行的航程和日期；④ 是否适宜乘机；⑤ 在机上是否需要提供其他特殊照料。诊断证明书应在旅客乘机前 72 小时内填开，并经县级（含）以上的医院盖章和该院医生签字方能生效。

扫一扫

孕妇旅客运输服务

图 4-1　孕妇旅客

（3）怀孕超过 36 周，乘机时预产期在 4 周以内，或者已知为多胎分娩以及有分娩并发症者，航空公司不予接受运输。

三、婴儿旅客运输服务

扫一扫

特殊旅客乘机注意事项

（1）为方便携带婴儿的旅客，航空公司一般规定可以为携带不占座位婴儿的旅客免费收运一个折叠式轻便童车或婴儿摇篮，如果空间允许也可经同意后带入客舱。旅客还可以在规定的时间内向航空公司申请婴儿摇篮服务。

（2）航空公司及机场值机服务部门应优先为携带婴儿的旅客办理乘机手续。在办理乘机手续时，应索取婴儿的出生证明以核实年龄。

（3）应将携带婴儿的旅客安排在婴儿排（飞机上多提供一个氧气面罩的排）或可安装婴儿摇篮的座位（见图 4-2），切忌安排在飞机的紧急出口位，同时应为婴儿旅客发无座位号的婴儿登机牌。

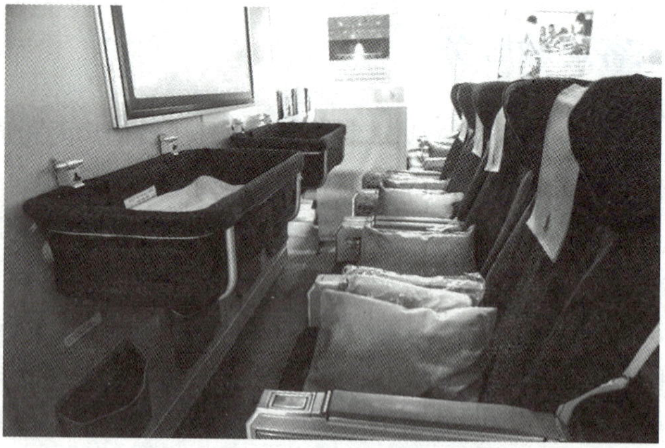

图 4-2　可安装婴儿摇篮的座位

（4）填写舱单时，应在婴儿姓名后的备注栏内注明“INF”字样，以区别成人旅客。航班起飞后，应尽快拍发旅客服务电报给航班的经停站和到达站，告知其携带婴儿的旅客的信息。

四、无成人陪伴儿童旅客运输服务

无人陪伴儿童（见图 4-3）一般是指已满 5 周岁而未满 12 周岁的单独乘机的儿童。儿童与成人一起旅行时，当其所乘坐的物理舱位与成人不同时，也视为无成人陪伴儿童。无成人陪伴儿童旅客运输服务要求如下：

图 4-3　无成人陪伴儿童旅客

（1）无成人陪伴儿童乘机需由其监护人或监护人的授权委托人前往航空公司直属售票处，或拨打航空公司客服热线，或访问航空公司官网（或手机 App），提出无成人陪伴儿童运输申请，并填写“无成人陪伴儿童乘机申请书”，并提供始发站和目的站送接人员的姓名、地址和联系电话。航空公司将根据航班起飞日期确认申请，并与申请人联系。

扫一扫

无人陪伴儿童机票的购买方法

值得注意的是，填写“无成人陪伴儿童乘机申请书”并不表示该服务已经申请成功。有的航班可能会因无成人陪伴儿童数量限额已满而不能满足旅客的需求，此时航空公司会联系旅客，为其提供其他航班或日期选择。也就是说，旅客的申请是否成功以航空公司的最终回复为准。

（2）乘坐国内航班的旅客最晚在航班计划离港时间前 48 小时提交申请。乘坐国际（地区）航班的旅客最晚在航班计划离港时间前 96 小时提交申请。申请成功后，旅客需打印“无成人陪伴儿童乘机申请书”（一式两份），作为享受此项服务的唯一凭证，并最迟于航班计划起飞时间前 120 分钟到达机场办理乘机登记手续。

（3）已订妥无成人陪伴儿童服务的旅客，若要变更航班、日期或取消无成人陪伴服务，须在航班起飞 48 小时之前联系航空公司或至原出票地办理变更。变更客票后如仍需此服务，需按申请程序重新办理服务手续。

（4）为无成人陪伴儿童办理乘机手续时，其座位安排应最大限度地避免影响到其他旅客的客舱服务及体验。无成人陪伴儿童座位安排原则如下：① 安排在便于指定的随机服务员或乘务员照料的适当位置；② 靠近机上厨房，且最好是过道座位；③ 若有可能，与其他旅客座位分开；④ 若座位满座，应安排与女性旅客一起的座位；⑤ 不得安排在紧急出口旁的整排座位。

（5）为无成人陪伴儿童办完乘机手续后，其送站人应停留在机场，直至航班起飞。到达目的地后，服务人员按“无成人陪伴儿童乘机申请书”内容查验儿童接机人证件后交接无成人陪伴儿童，并请接机人在“无成人陪伴儿童乘机申请书”上签名。

五、病残旅客运输服务

（一）担架旅客

在旅行过程中，由于病（伤）情危重，不能自主上下飞机及在客舱内不能使用座椅而须使用担架的旅客，可以向航空公司提出担架服务的申请，如图 4-4 所示。一般来说，每个航班只收运一名担架旅客，且担架设备一般被安排在经济舱。

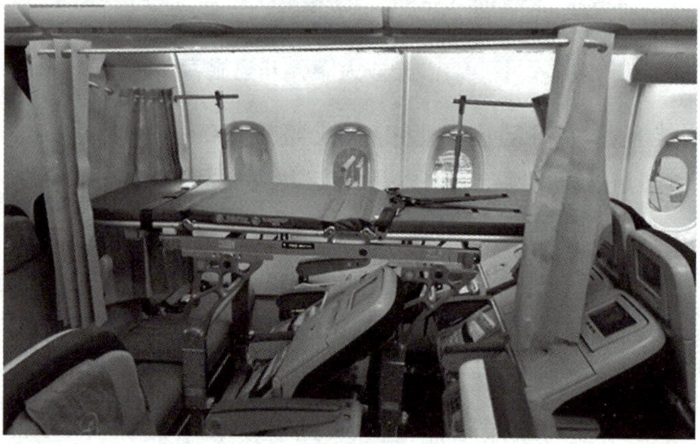

图 4-4　客舱担架服务

扫一扫

担架旅客运输服务

担架旅客须在航空公司规定的时间内办理定座手续并提出申请，航空公司综合考虑各方面因素后答复旅客是否承运。担架旅客乘机时需携带航空公司要求提交的材料在规定的时间内办理乘机手续。原则上，担架旅客不能办理联程航班业务。

值得注意的是，担架旅客需要在飞行中使用医用氧气装置的，需要在申请购票的同时向航空公司提出申请；需要救护车的，需自行与相关部门（如机场急救中心）联系。此外，担架旅客必须至少由一名医护人员陪同旅行，且医护人员必须出示身份证明及职业证明。经医生证明在旅行中不需要医务护理的，也可由家属或监护人员陪同旅行。

当值机员接到航班有担架旅客的通知后，在为旅客办理乘机手续时，应做好以下部署：① 提早了解需预留拆座的座位数等有关信息；② 安排值机员协助旅客或其家属办理乘机手续；③ 通知有关单位准备所需的车辆、人员到场；④ 落实拆座情况，必要时须上机检查；⑤ 拆座位必须本着避免影响紧密门的使用和乘务员的服务的原则；⑥ 担架旅客应先安排登机；⑦ 飞机起飞后，应发电报告知本站各有关单位及各中途站、到达站等相关部门。

旅客至上

两岸民航携手紧急运送担架旅客

旅客重病急需救治，两岸民航联手，密切配合，以最快的速度把该台湾籍担架旅客顺利送抵台湾。这次紧急运输的全过程堪称完美：从接到紧急电话，到手续办理、多方协调、病患乘机……厦门航空、厦门高崎国际机场、台北松山机场等两岸民航部门、企业携手，保证整条“绿色生命通道”环环相扣，为病患救治争取了宝贵的时间。

当日中午 11：45，厦门航空（以下简称“厦航”）商务调度室接到一个紧急电话：一名台湾籍旅客由于颈椎骨折，伤情严重，急需乘机回台继续治疗，需要用担架运输。因为担架旅客乘机要拆飞机座椅，协调安检、通关等一系列特殊保障，通常需要提前 72 小时向航空公司申请，但因该旅客伤情紧急，厦航决定特别开辟绿色通道：“不管困难多大，这个保障任务我们来完成！”

厦航立即启动应急保障方案：客运营销委为旅客紧急出票；运行指挥部指挥前方站确保执飞 MF881 飞机按时飞抵厦门，为客舱加装医疗设备和保障后续航班正常出发争取时间，并通知地面服务保障、飞机维修、签派等相关部门做好担架安装、特殊旅客空中保障通知和准备；地面服务保障部协调机场指挥中心、机场急救中心、平台车等机场相关特殊岗位和服务车辆保障，安排地面保障人员专门沟通驻场边防、海关、检验检疫等联检单位，就出境通关、登机流程预先梳理。

与此同时，厦航台湾办事处的准备工作也紧锣密鼓地展开：工作人员联系旅客家属提前到达机场，沟通地面代理协调松山航务处、移民署、海关、卫检、机场医生、消防局等单位保障担架旅客优先通关，并积极沟通救护车进场保障事宜。

14：00，飞机前序航班一落地，厦航飞机维修工程师马上上机，迅速拆除最后三排座椅的中间座位安装担架。机组成员也提前进场，确认担架安置情况，做好准备。15：00，运载旅客的救护车到达机场，机场各联检单位、厦航地面服务保障部安排专人为担架旅客优先办理出境、检疫和通关、安检、乘机手续，并安排该旅客最先登机。

17: 19，MF881 航班顺利起飞。飞行过程中，乘务组时刻关注旅客的情况，考虑到担架旅客行动不便，乘务组喂旅客喝水，并为他按摩手臂，以防长时间卧躺造成不适。旅客全程神志清醒，对工作人员的悉心照顾不断表示感谢。18: 33，飞机顺利抵达台北松山机场，厦航驻台北办事处工作人员及机场救护车已提前在机坪等候。19: 07，担架旅客在工作人员的细心保障下，顺利下机并送往医院就医。

"生命至上"是厦航人一直以来的保障原则。从领受任务到保障担架旅客平安抵达，仅用了不到 7 小时，各单位多方位、全流程无缝衔接，为旅客搭建了"绿色生命通道"。

（二）轮椅旅客

轮椅旅客是指在乘机过程中行动不便，需要使用轮椅从候机室到达或者离开飞机、上下客梯、到达或离开客舱座位的旅客，如图 4-5 所示。

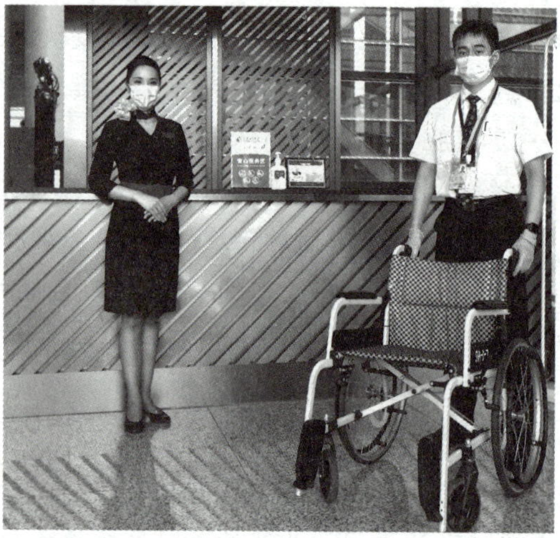

图 4-5　轮椅服务

1. 轮椅旅客的类型

（1）客舱轮椅旅客（WCHC）

此类旅客尽管能在客舱座位上就座，但完全不能动弹，前往或离开飞机、上下客梯、进出客舱座位时均需要轮椅或他人协助。对此类旅客的服务起止于客舱座位。

（2）客梯轮椅旅客（WCHS）

此类旅客可以自己进出客舱座位，但前往和离开飞机、上下客梯时需要轮椅或他人协助。对此类旅客的服务起止于客梯。

（3）机坪轮椅旅客（WCHR）

此类旅客可以自行上下客梯，也可以自己进出客舱座位；但远距离前往或离开飞机时需要轮椅。对此类旅客的服务起止于客机停机坪。

2. 轮椅旅客服务保障要求

（1）一般来说，具备乘机条件的轮椅旅客需要承运人提供轮椅或其他特殊服务时，应在定座时提出，最迟不能晚于航班离站前 48 小时；并应在普通旅客办理乘机手续截止前 2 小时在机场办理乘机手续。

（2）民航工作人员应协助轮椅旅客登机、下机和转机，并将轮椅旅客安排在任何符合要求的方便其行动的座位上。

扫一扫

轮椅旅客运输服务

（3）若旅客有自带的电动轮椅，需要在规定时间内办理托运，并需符合危险品运输相关规定。若旅客有自带的折叠轮椅，当客舱内有存放设施或空间时，按照先到先存放的原则办理；当客舱内没有存放设施或空间时，需办理免费托运。

（三）盲人、聋哑、听觉障碍旅客

盲人旅客是指双目有缺陷、失明的旅客（不包括眼睛有疾病的旅客）。聋哑旅客是指因双耳听力缺陷而不能说话的旅客（不包括耳朵有疾病或听力弱的旅客）。听觉障碍旅客是指感测或理解声音能力完全或部分降低的旅客（深度听觉障碍旅客称为聋人旅客）。

盲人、聋哑、听觉障碍旅客在航空旅行中有健康成人陪同并照料时，航空公司可按照普通旅客承运；当无健康成人陪伴时，此类旅客应在航空公司规定时间内提出申请并填写相关文件，工作人员应协助其登机、下机和转机。

此外，盲人旅客可将导盲犬、盲杖、助视器及盲人眼镜作为随身携带物品带入客舱，聋哑及听觉障碍旅客可将电子耳蜗、助听器等助听设备及助听犬作为随身携带物品带入客舱。

旅客至上

北京大兴国际机场首创无障碍出行八大系统

北京建筑设计研究院在北京大兴国际机场首次将残障人士按照行动不便、视觉障碍和听觉障碍分为三类群体，创新性地将无障碍设施分解为无障碍停车系统、通道系统、公共交通运输系统、专用检查通道系统、服务设施系统、登机桥系统、标识信息系统、人工服务系统八大系统，配备了车道边无障碍停车位、车道边与人行道连接坡道、召援电话、盲道、低位综合问询柜台、候机区无障碍座椅、爱心座椅、低位值机柜台及无高差行李称重系统、低位安检验证柜台、轮椅通道、多功能无障碍卫生间、低位饮水处、坡道及双层扶手、无障碍电梯、标识引导系统、远机位专用无障碍登机设施等无障碍设施。

中国残联表示，中国残联会同国家民航局组织专业无障碍设计团队和专家团队为大兴机场打造了世界一流的无障碍通用设计样板。无障碍环境建设是大兴机场“精品工程、样板工程”及“四型（平安、绿色、智慧、人文）机场”的重要组成部分，是展示新机场现代化建设水平和人文关怀的重要体观。一系列的无障碍通用设计等理念意识、创新亮点、精雕细节、用心暖心的设计样板值得向全国公共行业推广应用。

大兴机场无障碍八大系统树立了机场建设的标杆，并入选全国首次无障碍设施设计十大精品案例，体现了业界对机场无障碍建设的充分肯定。

任务实施

制作特殊旅客乘机手册

以 3 人为一小组，根据所学知识并查阅各航空公司相关规定，制作特殊旅客乘机手册。要求：

（1）手册内容包括但不限于孕妇旅客、婴儿旅客、无成人陪伴儿童和轮椅旅客运输服务。

（2）手册内容要求准确、详细，形式不限，最好采用图文结合的方式。

（3）手册要求使用 A4 纸，正反页打印或手写，总数不少于 5 页，并设计封面、装订成册。

（4）在班内举办“助力特殊旅客航空行”主题手册展览活动。

任务评价

请评价人员根据表 4-1 对上述任务实施情况进行评价。

表 4-1　任务实施评价表

评价标准	分值	自评	互评	师评
能够正确写出孕妇旅客运输服务规定	20			
能够正确写出婴儿旅客运输服务规定	20			
能够正确写出无成人陪伴儿童运输服务规定	20			
能够正确写出轮椅旅客运输服务规定	20			
手册封面美观，手册内容结构合理、图文并茂	10			
小组成员合作良好、分工明确	10			
合计	100			
总评（自评×20%+互评×20%+师评×60%）				

任务二 掌握旅客不正常运输的安置与服务

任务清单

请根据任务清单完成课前预习、课中学习和课后复习，完成后在对应的方框内打“√”。

课前预习	□	查询资料，了解误机、漏乘、错乘和超售的概念
	□	登录航空公司官网，了解各航空公司处理误机、漏乘、错乘和超售的规定
课中学习	□	掌握误机、漏乘的概念，以及旅客误机、漏乘后的安置与服务
	□	熟悉错乘、超售的概念，以及旅客错乘、超售后的安置与服务
	□	了解旅客漏乘的原因
课后复习	□	完成任务实施，深化对课上所学知识的掌握与应用
	□	查询误机、漏乘、错乘和超售相关资讯，写一篇现状调查，并总结处理经验
	□	回顾本任务所学知识，总结知识重点、难点，建立知识脉络体系

任务导入

某年冬天，因受连续的暴雪侵袭，由新疆富蕴县城通往富蕴可可托海机场（简称“富蕴机场”）的主要交通道路积雪严重，给广大旅客在前往机场的路途中造成了很大的不便，因此原因误机的旅客不断增多。富蕴机场领导对此高度重视，迅速开展调查和相关工作处理，以尽可能避免更多旅客误机事件的发生。

据机场调查，富蕴县城通往机场有长达近28千米的冰雪路面，乘机旅客为行车安全行驶速度较缓，导致前往机场花费时间较长，如遇交通事故或道路拥堵，耽误的时间可能会更长，因此，每天有10%左右的旅客未能按照截至办理手续时间抵达机场办理乘机手续。

了解到这种情况后，富蕴机场利用多方媒体平台向社会公布客服电话等服务信息，增设联系方式和服务柜台耐心处理旅客遇到的各种问题，并通过各种渠道及时告知旅客机场最新运行信息和航班动态。机场及时采取的以上措施收效显著，此后，鲜有旅客误机事件发生。

请思考

旅客误机后，应如何对其进行安置与服务？除误机外，还有哪些旅客非正常运输情况？分别该如何处理？

知识讲解

一、误机

（一）误机的概念

误机是指旅客未按规定时间办妥乘机手续或因身份证件不符合规定而未能乘机。

大多数航空公司都设有紧急柜台为晚到的旅客服务，但由于飞机舱门在起飞前 15 分钟关闭，所以如果旅客到达时间过晚，即使办理完登机牌，也可能会被取消该次航班行程。因此，若旅客在接近飞机起飞前 30 分钟才抵达柜台办理手续，将有错失航班的可能。

（二）误机旅客的安置与服务

由旅客自身原因导致的误机，根据航空公司所适用的运输总条件、客票使用条件，按照自愿变更及自愿退票处理。

由航空公司原因导致的旅客误机，旅客要求变更或签转的，航空公司在有可利用座位或者被签转承运人同意的情况下，为旅客办理改期或签转，不收取客票变更费；如旅客要求退票，则按非自愿退票的规定办理。

最美民航人

航班延误致外籍旅客误机，中转员真情服务获赞

因天气原因，原本上午就可以到达的 CA1947 延误至下午才到达。当日，中转员杨一薇通过离港系统获知有位外籍旅客后续转机拉萨航班无法正常衔接，便预先和国航机场售票处取得联系，并得知当日成都前往拉萨的航班均为满客，旅客只能改签次日航班。

当该旅客到达中转柜台后，杨一薇告知旅客航班情况，并让旅客尽快前往售票柜台改签。但当她查验旅客的入藏函时发现，旅客入藏函已到期，如果当日不能成行，该旅客入藏函过期作废就无法继续后面的行程。于是，杨一薇立即告知旅客前往国航值机总台候补当日成都最后一班飞往拉萨的 CA4441 航班，并详细告知了旅客前往路线。在旅客飞奔前往值机总台的同时，杨一薇将旅客的情况告知了值机总台人员和售票处人员，请他们尽力为旅客候补。此时距 CA4441 航班起飞仅有 1 个小时，留给旅客和工作人员的时间仅有 15 分钟。

当时中转柜台还有其他旅客需要保障，杨一薇虽忙碌着工作，但心中却一直记挂着这位外籍旅客。当杨一薇忙完后再次联系售票处和值机总台时，均被告知该旅客未出现。眼看距离 CA4441 航班关闭柜台的时间越来越近，杨一薇灵机一动，利用机场广播用英文通知该旅客尽快到达值机总台。

终于，在机场广播的引导下，在航班即将关闭前的 3 分钟，该外籍旅客终于出现在值机总台，并在售票人员和值机总台人员的努力下候补成功。随后，地服部安排了专人协助旅客快速通过了安检，中转电瓶车也早已等候在安检区。旅客登机前满含感激，拉着工作人员的手，不停地用有些生硬的中文说着“谢谢”。

二、漏乘

（一）漏乘的概念

漏乘是指旅客在航班始发站办妥乘机手续后或在经停站过站时未能搭乘其客票列明的航班。漏乘的旅客分为两类：一类是办理完乘机手续的始发旅客，另一类是过站经停的旅客。

（二）漏乘的原因

1. 始发旅客漏乘的原因

（1）旅客办理完登机牌进入候机厅后，在错误的登机口休息等待，或没有注意收听登机口广播，或在吸烟、看书、逛商店、用餐等，导致漏乘。

（2）旅客到达机场的时间较晚，机场已经结束办理乘机手续，工作人员为给旅客提供方便予以办理，但旅客在经过安检和到达登机口的过程中花费了过多的时间，导致无法登机，造成漏乘。

（3）旅客办理完手续进入候机厅后，因登机牌丢失需要重新补办，在补办的过程中超过了最后登机时间而无法登机，造成漏乘。

（4）机场登机口更改，而旅客没有注意收听广播通知，也没有注意收听登机广播，导致漏乘。

（5）由机场设施（安检仪器、广播系统等）等原因导致旅客不能进行安全检查或没有听到登机广播，造成漏乘。

（6）航空公司对登机关闭舱门时间有特殊规定，而旅客按照计划起飞时间前往登机，造成漏乘。

2. 过站旅客漏乘的原因

过站旅客漏乘分为两种情况：一是旅客到达经停站后，因精力不集中或其他原因，误认为到达了目的站，而走下飞机之后也没有注意到机场的标识及工作人员的提醒，直接走出候机楼离开机场，导致漏乘。二是旅客已知自己到达经停站，也换取了过站登机牌，但因其在候机隔离厅内购物、上洗手间、看书、睡觉等，没有注意收听登机广播，导致漏乘。

（三）漏乘旅客的安置与服务

（1）由旅客原因导致的漏乘，在航班始发站，根据航空公司所适用的运输总条件、客票使用条件，按照自愿变更及自愿退票处理；在航班经停站，客票作废，票款不退。

（2）由承运人原因造成的旅客漏乘，承运人应尽早安排旅客乘坐后续航班成行。因航班取消、提前、延误，航程改变或承运人不能提供原定座位，旅客要求退票的，在始发站，应退还全部票款；在经停站，应退还未使用航段的全部票款，且均不可收取退票费。

（3）有旅客漏乘时，登机口工作人员需修改舱单，减去旅客重量。如果旅客有托运行李，还需减去其托运行李的重量，并通知行李相关部门卸除行李。

三、错乘

错乘是指旅客搭乘了不是客票上列明的航班。错乘主要是由工作人员在旅客乘机时把关不严造成的，应由航空公司承担主要责任。若旅客错乘飞机，航空公司应安排错乘旅客搭乘最早的航班飞往旅客客票上的目的地，或安排旅客返回始发地，票款不补不退。如旅客在错乘的到达站提出终止旅行，按非自愿退票办理。

四、超售

（一）超售的概念

超售是指航空公司为避免座位虚耗，在某一航班上销售的座位数超过实际可利用座位数的行为。为了满足更多旅客的出行需要和避免航空公司座位的浪费，航空公司会在部分容易出现座位虚耗的航班上进行适当的超售。

扫一扫

超售

座位虚耗的原因大致有以下几类：

（1）旅客订票后并未付款，或付款后在不通知航空公司的情况下放弃旅行，从而造成航班座位虚耗。

（2）旅客可能同时与多家航空公司代理联系购票，各家代理分别定座，无意中造成重复。

（3）在机位紧张时，有些旅行社会捏造旅客姓名和出票资料占座位。

（4）旅客错过衔接航班。

航空公司超售客票的，应当在超售前充分考虑航线，航班班次、时间、机型以及衔接航班等情况，以最大程度地避免旅客因超售而被拒绝登机。

（二）超售后旅客的安置与服务

航班超售时，航空公司应在旅客办理乘机手续前，告知旅客航班超售情况、补偿方案及旅客可享有的权利。在超售情形下，对自愿取消行程的志愿者旅客，航空公司应按照补偿方案给予合理的补偿并根据旅客的要求为其安排合适的航班或退票。若没有足够的旅客愿意放弃本次航班旅行，航空公司可以根据其确定的优先登机规则拒绝运输部分旅客。各航空公司规定的优先登机规则略有不同，一般来说，优先登机顺序如下：

（1）执行国家紧急公务的旅客。

（2）经同意并事先做出安排的，有特殊服务需求的老、弱、病、残、孕旅客以及无成人陪伴儿童。

（3）头等舱和公务舱旅客。

（4）会员卡旅客。

（5）已经定妥联程航班座位且转机衔接时间较短的旅客。

（6）证明有特殊困难急于成行的旅客。

对于未能按原定航班成行的旅客，各航空公司也提出了相应的后续保障服务，方式和内容略有不同，一般航空公司提供的后续服务保障如下：

（1）安排旅客搭乘相应舱位的最早航班。

（2）按非自愿退票处理，不收取退票费。

（3）按非自愿变更航程处理，票款多退少不补。

（4）若后续航班为次日航班，免费为旅客安排膳宿。

（5）按照相关规定给予合理的补偿。

民航小贴士

面临超售的旅客大多心情急躁，因此，进行安置服务时要做到亲切友好、耐心细心，及时解决旅客问题，并积极安抚旅客情绪。若旅客情绪过于激动，甚至有言语辱骂、肢体冲突，应及时通知安保部门进行处理，以保护自身和其他旅客的人身安全。

职业体验零距离

耐心沟通，圆满处理航班超售

MU5261 南昌前往深圳的航班的头等舱超售了 2 个座位，幸运的是经济舱还有些许空余座位，如果头等舱旅客愿意，可以“降舱”搭乘航班前往深圳。值机主任万一鸣了解到这一情况后，立即展开航班超售处理工作。根据万一鸣多年的工作经验，接下来的旅客沟通工作将会十分困难，因为经济舱超售但头等舱有空座，旅客被“升舱”还是很乐意的，但要头等舱旅客“降舱”，旅客肯定不情愿。

离航班起飞还有 4 个小时，万一鸣早早地在柜台上等待 MU5261 头等舱旅客到来。万一鸣耐心地和每一位头等舱旅客进行了沟通，把实际情况告知旅客，但大部分旅客知道情况后或愤怒，或漠然，都拒绝了万一鸣的“降舱”请求。

最终，在航班起飞前一小时，头等舱旅客王女士和熊女士听完万一鸣真诚耐心的说明和请求后，愿意接受“降舱”出行，并按规定获得了每人 400 元降舱补偿及 1 800 元客票差价。万一鸣以真诚沟通的态度和耐心细致的服务，圆满地处理了这次航班超售。

任务实施

处理误机

案例一：一名旅客在规定时间未抵达登机口，其同行旅客（已登机）情绪激动，意图阻止关闭舱门，该同行旅客称自己的同伴已经值机并通过安检，只是在购物时未注意时间才没有按时抵达登机口登机。

案例二：因高速堵车严重，一名携带人体捐献器官的旅客无法搭乘原定航班出行，但是携带器官必须当日送达。

若你是航空公司工作人员，请根据所学知识，对上述两种误机情况做出正确的分析，并提出合理的处理措施。

任务评价

请评价人员根据表 4-2 对上述任务实施情况进行评价。

表 4-2　任务实施评价表

评价标准	分值	自评	互评	师评
能够正确分析上述两种误机情况的不同之处	30			
能够对上述两种误机情况做出合理处置	40			
既能体现出民航人“旅客至上、生命至上”的责任感和服务意识，又能体现出民航人“坚守安全底线不放松”的使命感	20			
逻辑清晰，有理有据	10			
合计	100			
总评（自评×20%+互评×20%+师评×60%）				

任务三　掌握航班不正常时旅客的安置与服务

任务清单

请根据任务清单完成课前预习、课中学习和课后复习，完成后在对应的方框内打“√”。

课前预习	□	查询资料，了解航班延误、航班取消、航班备降、航班返航的概念和原因
	□	登录航空公司官网，了解各航空公司对航班延误、航班取消、航班备降、航班返航的具体处理规定
课中学习	□	掌握航班延误、航班取消、航班备降、航班返航时旅客的安置与服务
	□	熟悉航班延误、航班取消、航班备降、航班返航的概念和原因
课后复习	□	完成任务实施，深化对课上所学知识的掌握和应用
	□	回顾本任务所学知识，总结知识重点、难点，建立知识脉络体系

任务导入

某日凌晨 4 时左右，成都出现大雾且雾气逐渐变浓，跑道能见度持续下降，双流机场运行受到较大影响。7 时 43 分，双流机场启动大面积航班延误黄色预案，协调航空公司动态调整航班，增派现场保障力量，积极做好延误旅客的服务工作。截至 10 时 20 分，双流机场已恢复双跑道运行模式，但大雾并未完全散去，航班放行效率处于较低水平，仍有大面积航班延误，部分旅客被滞留。后来，随着天气逐渐好转，清晨积压的航班被逐渐加速消化。

请思考

还有哪些原因可导致航班延误？航班延误后应如何做好旅客的安置与服务？

知识讲解

一、航班延误

航班延误是指航班实际到港挡轮挡时间晚于计划到港时间超过 15 分钟的情况。航班出港延误是指航班实际出港撤轮挡时间晚于计划出港时间超过 15 分钟的情况。本节讲述的“航班延误”主要指“航班出港延误”。

民航智慧园

撤轮挡时间

轮挡是放置在飞机轮胎前的挡板。撤轮挡时间是指飞机起飞前地面人员撤去轮挡的时间，飞机撤掉轮挡后，即可启动发动机滑行。挡轮挡时间是指飞机飞行结束，发动机关闭，地面人员放置轮挡的时间。之前，中国民航将“关舱门”时间作为航班正点标准，是基于航班准备就绪，已具备起飞条件的技术性预判，但在实际运行中，存在旅客登机后长时间在舱内等待的情况。为进一步提高公众对民航正点率的满意度，积极治理航班延误，民航将航班正点标准改为“撤轮挡”时间。“撤轮挡”时间更接近实际起飞时间，相对更为科学，对航班运行的效率也提出了更高的要求。

（一）航班延误的原因

1. 承运人原因

承运人原因是指承运人内部管理原因，包括机务维护、航班调配、机组调配等。

2. 非承运人原因

非承运人原因是指与承运人内部管理无关的其他原因，包括天气、突发事件、空中交通管制、安检、旅客等因素。其中，天气因素是造成航班延误的主要原因。

扫一扫

航班延误的原因及延误后服务

（二）航班延误后旅客的安置与服务

1. 及时通告旅客

（1）承运人应当在掌握航班状态发生变化之后的30分钟内通过公共信息平台、官方网站、呼叫中心、短信、电话、广播等方式，及时、准确地向旅客发布航班出港延误或者取消信息，包括航班出港延误或者取消的原因及航班动态。

（2）机场管理机构应当利用候机楼内的公共平台及时向旅客通告航班出港延误或者取消的信息。

2. 为旅客提供食宿服务

（1）由机务维护、航班调配、机组调配等承运人自身原因造成的航班在始发地出港延误或者取消，承运人应当向旅客提供餐食或者住宿等服务。

（2）由天气、突发事件、空中交通管制、安检以及旅客等非承运人原因造成的航班在始发地出港延误或者取消，承运人应当协助旅客安排餐食和住宿，费用由旅客自理。

（3）国内航班在经停地延误或者取消，无论何种原因，承运人均应当向经停旅客提供餐食或者住宿服务。

3. 为旅客办理退票或改签

航班出港延误或者取消时，承运人应当根据运输总条件、客票使用条件，为旅客妥善办理退票或者改签手续。

4. 对旅客进行补偿

承运人应根据运输总条件中规定的补偿条件、标准和方式等对旅客进行补偿。

二、航班取消

航班取消是指因预计航班延误而停止飞行计划或者因延误而导致停止飞行计划的情况。航班取消后旅客的安置与服务参照“航班延误”中的相关内容。

三、航班备降

航班备降是指航班因故不能或不宜降落在目的地机场而需在其他机场降落，包括紧急备降和非紧急备降。紧急备降是指航班发生空中遇险、非法干扰、危险品泄漏、油量紧急状况等紧急情况而需要尽快降落。非紧急备降是指航班目的地机场因天气等原因不能供飞机降落时，需要在其他机场降落。此处主要指非紧急备降。

发生航班备降时，机组人员要及时对旅客做好解释工作，并通知备降机场地面服务人员做好相关接待工作。如果备降等待时间较短，可安排旅客在客舱休息等待；如果等待时间较长，则需要安排旅客在候机楼休息，并安排相应的住宿及膳食。

民航担当

传承英雄精神，感悟使命担当

扫一扫

川航航班备降始末

2018 年 5 月 14 日，四川航空公司的 3U8633 次航班准备从重庆飞至拉萨。6 时 38 分起飞后，飞机正常爬升至 9.8 千米巡航高度。在飞经成都空管区域时，该机驾驶舱右座前风挡玻璃突然破裂。

空中险情发生后，机长第一时间申请下降高度、备降成都。在下降过程中，右风挡玻璃脱落，驾驶舱出现爆炸性失压。瞬间的失压一度将副驾驶吸出机外，所幸他系了安全带。

驾驶舱门在风挡爆裂脱落、驾驶舱失压的同时打开，造成客舱失压，正在提供餐饮服务的 5 号乘务员被抛起，落地时腰部着地受伤。失压后，客舱氧气面罩自动脱落。乘务长通过广播要求旅客系好安全带，拉下氧气面罩吸氧。客舱内乘务员则迅速坐在就近的座位上，戴上氧气面罩，系好安全带。身边没有空座位的，则蹲在地上，抓住行李的挡杆固定住自己。此外，安全员一直在监控旅客的反应，随时防止发生旅客慌乱中起身失衡的情况。

为避免整个机组进一步受到伤害，机长决定减速迫降。而在紧急高度下降，噪声极大，自动设备不能提供帮助，机长只能完全凭手动和目视，靠毅力掌握方向杆。最后，在民航各部门密切配合下，飞机安全备降成都双流国际机场，机上所有旅客安全。

为表彰 3U8633 航班机组成功处置“5・14”事件，2018 年 6 月 8 日，中国民航局和四川省政府授予川航 3U8633 航班机组“中国民航英雄机组”称号，授予机长刘传健“中国民航英雄机长”称号。

四、航班返航

航班返航是指航班在执行飞行任务的途中，因各种不可抗因素而取消预定任务，返回出发地的情况。

返航一般都是由一些不可抗因素导致，包括飞机突发故障、天气原因、空中交通管制、禁航、机组原因等。

如果出现返航，机组应及时向旅客做好解释工作，并通知地面人员安排相关工作。如果返航后短时间内可以再次起飞，可以安排旅客在客舱休息等待；如果等待时间较长，则需要安排旅客的膳食和休息。如果旅客要求退票，按照非自愿退票办理。飞机重新执行飞行任务时，如果载量发生变化，应重新进行配载。

任务实施

情景模拟——航班延误后旅客的安置与服务

情景：凌晨 4 时，成都出现大雾并逐渐加重，双流机场大面积航班因此导致延误。大雾持续不散，航班无法正常运行，随着时间一点点流逝，旅客们的心情越来越急躁，有些旅客多次前往柜台询问航班的起飞时间。双流机场的工作人员面对旅客们的多次询问，耐心向旅客解释原因、安抚旅客情绪，遇到要求退票和改签的旅客及时办理，及时、耐心地解决旅客提出的问题。到了中午，大雾终于消散，航班可以运行，机场工作人员又开始紧锣密鼓地通知和安排旅客进行登机。

实施步骤：

（1）自行分组，6 人为一小组，2 名同学饰演机场工作人员，4 名同学饰演旅客。

（2）根据上述情景改编一份完整的情景剧剧本。可适当进行延伸，合理即可。

（3）分组进行模拟，一组模拟时，其余组认真观看并做好记录。

（4）全部小组模拟结束后，互相进行点评和打分。

任务评价

请评价人员根据表 4-3 对上述任务实施情况进行评价。

表 4-3　任务实施评价表

评价标准	分值	自评	互评	师评
能够根据旅客的要求提供合理的服务	30			
能够妥善、冷静处理旅客情绪及突发状况	20			
提供服务时亲切、友好	20			
小组合作良好、分工明确	10			
能够认真点评其他小组的情景模拟，并提出合理的优化方案	20			
合计	100			
总评（自评×20%+互评×20%+师评×60%）				

项目学习效果综合测试

一、不定项选择题

1．以下属于非常重要旅客的是（　　）。

A．中央政治局常委　　B．全国人大常委会委员长

C．最高人民法院院长　　D．著名科学家

2．航空公司一般不予承运（　　）的孕妇旅客。

A．怀孕 20 周　　B．怀孕 24 周

C．怀孕 32 周　　D．怀孕 36 周

3．客梯轮椅旅客是指（　　）。

A．不能自行上下客梯，但能自己进出客舱座位

B．能自行上下客梯，能自己进出客舱座位

C．不能自行上下客梯，也不能自己进出客舱座位

D．能自行上下客梯，但不能自己进出客舱座位

4．关于漏乘，以下说法不正确的是（　　）。

A．漏乘是承运人的原因　　B．凡是旅客未能乘机，都归为漏乘

C．更换登机口容易造成漏乘　　D．所有漏乘的旅客都可以退票

5．下列关于超售的说法，正确的是（　　）。

A．超售是航空公司为避免座位虚耗，在某一航班上销售的座位数超过实际可利用座位数的行为

B．航空公司可以在容易出现座位虚耗的航班上进行无限制的超售

C．在超售的情况下，如果没有足够的旅客愿意放弃本次航班旅行，航空公司可以根据其确定的优先登机规则拒绝运输部分旅客

D．对于因超售未能按原定航班成行的旅客，航空公司可按照非自愿退票处理，并收取相应退票费

6．造成航班延误的承运人原因包括（　　）。

A．天气原因　　B．空中交通管制

C．机务维护　　D．航班调配

7．以下属于不正常航班的是（　　）。

A．航班延误　　B．航班取消

C．航班备降　　D．航班返航

二、实践题

表 4-4 为某段时间中国大陆航空公司到港准点率排名前十位。请对表 4-4 呈现的数据进行分析，结合所学知识并查询相关资料，写一份关于如何提高航空公司到港准点率的提案。提案应包括但不限于以下内容：

（1）分析影响航空公司到港准点率的原因。

（2）分析我国航空公司到港准点率的现状。

（3）提出提高到港准点率的可行性方案。

表 4-4　中国大陆航空公司到港准点率排名

排名	航空公司	到港准点率	到达平均延误时长（分钟）
1	山东航空	91.14%	10.80
2	南方航空	90.93%	11.25
3	中国国际航空	90.72%	10.84
4	深圳航空	90.33%	10.13
5	上海航空	90.03%	10.04
6	东方航空	89.12%	12.86
7	海南航空	87.99%	14.02
8	厦门航空	85.92%	13.05
9	四川航空	85.74%	16.17
10	天津航空	83.76%	21.70

项目学习总结与思考

学习要点与难点（请以思维导图的形式列出）	
待（未）解决的问题	

表（续）

拟解决的方法	
已解决的问题	
经验总结	
学习心得	
思想感悟	

项目五

行李特殊运输服务

项目导读

由于航空运输环境的特殊性，小动物或服务犬在航空运输时需要办理特殊手续，某些常见物品（如充电宝、液态物品等）在航空运输时也会受到限制。这些在地面运输时“简单”的行李在航空运输时却很“麻烦”，旅客常要因此花费时间办理手续或被迫放弃一些行李，但为了飞行安全，这些“麻烦”却十分必要。同样，掌握这些特殊行李的运输规则是民航人保证航班安全和旅客安全的必备技能。

行李是航空运输的“无声”旅客，航空公司的运输服务质量在一定程度上取决于行李运输的质量，而旅客旅行是否成功、对民航运输服务是否满意与旅客所携带的行李、物品运输的及时性和完好性息息相关。但在旅客行李的运输过程中，难免会发生一些非正常运输情况，此时，工作人员应及时、妥善地进行处理，尽量避免或减少由行李的非正常运输造成的影响和损失，通过真情服务向旅客展现民航人的责任和担当。

学习目标

知识目标

- 掌握特殊行李运输服务。
- 掌握行李非正常运输服务。
- 熟悉行李赔偿。

技能目标

- 能够运用所学知识，正确处理旅客特殊行李的运输。
- 能够运用所学知识，正确处理旅客行李的非正常运输情况。
- 能够运用所学知识，正确处理旅客行李赔偿。

素质目标

- 培养“忠诚担当的政治品格、严谨科学的专业精神、团结协作的工作作风、敬业奉献的职业操守”的先进当代民航精神。
- 自觉弘扬和践行社会主义核心价值观，勤奋学习，坚定自身理想，努力成为我国民航事业的可靠人才。
- 深耕细作、追求卓越，增强服务意识，想旅客所想，急旅客所急，为提升我国民航服务质量贡献力量。

任务一 掌握特殊行李运输服务

任务清单

请根据任务清单完成课前预习、课中学习和课后复习，完成后在对应的方框内打“√”。

课前预习	□	查找特殊行李运输相关资讯，了解各事件中工作人员的处理方法
	□	登录航空公司官网，查询各航空公司对特殊行李运输的具体规定
课中学习	□	掌握小动物、轮椅、危险品的运输规定
	□	熟悉服务犬的运输规定
	□	了解精密仪器、电器的运输规定
课后复习	□	完成任务实施，深化对课上所学知识的掌握和应用
	□	以“飞机上如何携带液态物品”为主题，制作科普视频，并发布于公共视频平台上
	□	以“飞机上的锂电池运输”为主题，制作科普海报，并发布于公共平台上
	□	回顾本任务所学知识，总结知识重点、难点，建立知识脉络体系

任务导入

2019 年 9 月 4 日，东方航空一南京至厦门航班在巡航期间，突发客舱内一名旅客怀抱的双肩背包着火情况，机组第一时间按程序妥善处置，迅速排除了安全风险。经查，此次事件系包内充电宝起火所致。为最大限度确保安全，机组决策返航南京。随后，东航积极协助有关部门展开系统调查。9 月 9 日，民航局在例行发布会上通报了该事件的有关情况。相关负责人表示，机组按照应急程序处置并返航安全落地，该旅客座椅附近有烧灼痕迹，损伤未超标准，该旅客携带的充电宝符合随身携带行李的有关限制要求。

请思考

携带充电宝乘机有哪些限制要求？除充电宝外，还有哪些物品运输有限制要求？

知识讲解

一、小动物

小动物是指家庭驯养的猫、狗、家禽、小鸟和属观赏之类的其他小型温驯动物，经承运人同意，可以作为托运行李运输，如图 5-1 所示。如动物形体过小（如鼠类、观赏鱼等）或形体过大（笼体包装超过最大体积限制）或对运输安全可能造成危害，以及野生动物和具有形体怪异或者易于伤人等特征的动物（如蛇等），均不属于小动物范围，不得作为托运行李运输。航空公司有权决定小动物是否属于可运输的范围及其运输方式，并且有权限制一架飞机运输小动物的数量。

扫一扫

小动物运输

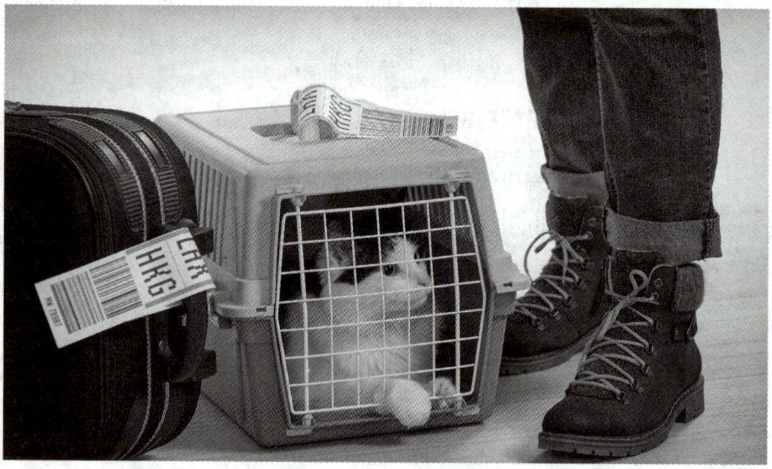

图 5-1　小动物运输

（一）小动物的包装要求

1．宠物箱的要求

小动物必须装在适合其特性的坚固的金属、硬塑或木质容器中，并符合以下要求：

（1）应为专用航空宠物托运箱，必须由坚固材料制成且顶部固定，至少三面通风。宠物箱的门必须有锁闭装置，且为坚固的金属材质，箱门关闭后，应可有效地防止宠物自行打开箱门逃逸。

（2）宠物箱的所有配件（包括螺母、门闩、铆钉以及锁具等）必须牢固且性能良好。

（3）宠物箱的底部必须平稳，能够固定在平整的面上而不滑动，如选用带轮子的宠物箱，需要预先将轮子固定或将轮子拆除，以保证宠物箱在运输过程中不会滑动。

（4）能方便给小动物喂食、喂水，并能保证小动物在箱中可自由站立或坐下、转身和以正常姿势躺卧。

（5）宠物箱内部需要铺上吸水性衬垫（如毛巾、毯子等），以防宠物排泄物外溢污染其他行李。

（6）宠物箱的体积要适合货舱装卸。

2．宠物箱的打包要求

（1）运输犬、猫等陆生活体动物时，应使用宠物箱防护网（见图 5-2），用防护网将宠物箱包装并捆扎牢固后再进行打包。

（2）使用打包带打包时，打包带需在防护网外层呈“井”字形进行打包，如图 5-3 所示。打包带应分布均匀，间距约为 20～30 厘米。

图 5-2　宠物箱防护网

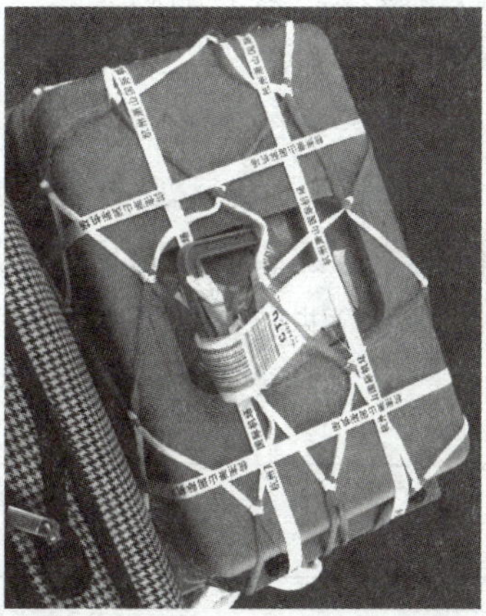

图 5-3　“井”字形打包示意图

（3）宠物箱侧面不进行横向打包，侧面的打包带均须呈竖状平行状态。此外，打包时，应将打包带穿过箱门网格及防护网格，即从一个网格伸进去，从下一个网格伸出来，如图 5-4 所示。打包带要间隔均匀，以起到将箱门和箱体、防护网固定在一起的作用。

图 5-4　打包带侧面打包示意图

（二）小动物的收运要求

（1）旅客携带小动物乘机，必须在购票或定座时提出申请，在征得承运人同意后方可托运。

（2）属国际运输的小动物，应具备出境、入境有关国家的必要证件，证件包括健康证明、注射预防针免疫证明、出境/入境许可证明和动物检疫证明等。

（3）旅客携带的小动物及食物的重量不得计算在免费行李额内，所有重量按适用的逾重行李费率计收运费。活体小动物运输不能办理声明价值。除非经承运人特别允许外，旅客携带的小动物一律不能放在客舱运输，只能作为托运行李托运。如果旅客要求办理联运，必须征得续程承运人的同意。

（4）旅客携带小动物应当在乘机之日按照承运人指定的时间办理托运手续，办理手续时需携带承运人要求的各种运输文件，如“小动物运输申请书”（参见表 5-1）等。

（5）小动物途中喂食、加水由旅客负责。因不符合承运人要求或不符合出入境国家有关规定而被拒绝承运或被拒绝出境、过境、入境以及在运输途中发生受伤、丢失、延误、死亡等一切损失，除非航空公司有过失，否则不承担任何责任和赔偿。

表 5-1　小动物申请书示例

<table>
<tr><td colspan="2">小动物运输申请书
Application for Pets Transportation</td></tr>
<tr><td>旅客姓名
Name</td><td>联系电话
Tel</td></tr>
<tr><td>航班号/日期
Flt NO./Date</td><td>始发地/目的地
Original/Destination</td></tr>
<tr><td>小动物种类
Pet Species</td><td>小动物年龄
Pet age</td></tr>
<tr><td colspan="2">持有的旅行文件名称及编号:
Certificate No.</td></tr>
<tr><td colspan="2">声明 Declaration:
1．以下小动物不适合航空运输，航空公司不接受此类小动物托运。
Not accept such pets as checked baggage.
➢出生不足 6 个月的小动物。
Pets less than 6 months old.
➢扁鼻犬、扁鼻猫。
Snub-nosed or pug -nosed dogs and cats.
➢斗犬：比特犬、土佐犬、巴西菲勒犬及其杂交品种、阿根廷杜高犬。
Fierce dog: Such as American Pit Bull Terrier, Tosa Inu, Fila Brasileiro and their hybrid varieties, Argentine Dogo.
➢不适应高温高空环境的犬种：萨摩耶犬。
The breed does not adapt to high temperature and high altitude environment: Samoyed dog.
➢怀孕小动物或是在飞机起飞前 48 小时之内刚刚分娩过的小动物。
A pregnant pet or a pet that has just been delivered within 48 hours before the plane takes off.</td></tr>
</table>

表 5-1（续）

2．为了小动物的运输安全，如果在运输途中的任何航点，预报温度将在摄氏零下 12 度以下或摄氏 30 度以上的范围内，航空公司将不接受小动物托运。 Airlines will not accept pets as checked baggage during extreme weather for the safety of pets, if at any point during the animal's trip the high temperature for the day is forecast to be below −12℃ or above 30℃. 3．旅客应对所托运的小动物承担全部责任，除航空公司原因外，在运输中出现的小动物患病，受伤和死亡，航空公司不承担责任。如果小动物在任何国家、州或属地被拒绝入境或过境，对其受伤、丢失、延误、患病或死亡，航空公司不承担责任。 The passenger shall assume full responsibility for the pets. Airlines shall not be liable for injury to or loss, delay, sickness or death of pets in the event that it is refused entry into or passage through any country, state, or territory. 旅客本人签名（Signature）：　　　　　　　　日期（Date）：
提示航空公司注意事项（由旅客填写） Notice For Airlines

二、服务犬

盲人或聋人要携带导盲犬、助听犬须事先提出，在符合运输条件并经承运人同意后，方可由本人带入客舱运输。服务犬可免费运输，不计入免费行李额，不办理行李声明价值。带进客舱的服务犬，应在上机前为其戴上口套（在征得相关旅客同意的情况下，可不戴）及牵引绳索，并应伏在主人脚旁或膝上，不得在客舱内占用座位和随意跑动，如图 5-5 所示。旅客对自己携带的服务犬可能对其他旅客或航空公司造成的所有损害或伤害承担全部责任。

图 5-5　导盲犬运输

旅客至上

导盲犬带主人乘飞机，全程无障碍出行

奥凯航空由天津飞往长沙的BK2903航班上，迎来了一位不一样的旅客——一只漂亮的金色导盲犬“小杰”，它将带领它的主人周女士乘坐本次航班出行。在得知将有一位旅客携带导盲犬乘坐BK2903飞机出行这一消息后，奥凯航空立即组织相关部门工作人员提前做部署，细化保障流程并事先模拟每一个环节，确保这名旅客和她的爱犬能够顺利出行。

承运当日，奥凯航空的工作人员全程给予了周女士贴心的指引和帮助。为方便周女士上下飞机，保证导盲犬的工作不影响到其他旅客的乘机，在航班有空余座位的情况下，奥凯航空地面服务工作人员提前为周女士安排了第一排靠过道的座位，以便小杰能更加自由方便地和主人待在一起。在为周女士办理了相关乘机手续后，奥凯航空柜台工作人员向她讲解了特殊旅客乘机的相关注意事项，随后将其带领至安检处。此时，奥凯商务人员早已等候在安检处，帮助周女士与安检人员核对导盲犬工作证、健康免疫证等相关证件。周女士进入候机区后，奥凯航空为其免费提供了头等舱休息室，并及时传达航班动态等信息，以确保周女士和小杰在不影响其他旅客的情况下能够及时乘机。航班登机时，奥凯航空头等舱休息室工作人员将周女士专程送至登机口进行登机，并与当班机长、乘务长做好后续交接工作。航班抵达长沙机场后，奥凯航空长沙地面服务人员也提前等候在登机口，并协助周女士顺利离开机场。

此次特殊承运，奥凯航空全程现场监控保障流程，确保周女士乘机的每一个环节都顺利畅通，周女士也多次对奥凯航空工作人员的协助表示了感谢。在抵达长沙准备离开机场的时候，周女士再一次对整个航程细致周到的服务表达了感激之情，表示一路上奥凯航空对她和小杰的照顾，带给了她最棒的乘机体验。

三、轮椅

轮椅是行动不便的旅客在旅行中使用的助步工具，按照动力来源可分为手动轮椅和电动轮椅。航空公司为了方便自带轮椅的旅客的航空旅行，特对轮椅运输给予了一定的优惠政策，但也有一定的运输要求。

（一）手动轮椅的运输

手动轮椅运输的一般要求如下：

（1）轮椅一般应作为托运行李。

（2）轮椅免费运输，不计入旅客的免费行李额。

（3）轮椅旅客经航空公司同意并事先安排的在登机、下机过程中使用自带轮椅的旅客（如团体轮椅旅客），其轮椅按下列办法办理：① 旅客登机后，在登机口收运轮椅；② 登机口收运的轮椅应拴挂轮椅旅客行李识别标签，将行李领取联交给旅客；③ 到达站应将托运的轮椅优先卸下，送至登机口，供旅客下机时使用。

（二）电动轮椅的运输

电动轮椅运输由于涉及动力源锂电池的运输，属于危险品运输，因此较手动轮椅运输有更多的限制。

1. 非防漏型电池驱动的电动轮椅

非防漏型电池驱动的电动轮椅必须获得航空公司的同意后方可承运。运输时应注意以下事项：

（1）装有非防漏型电池的电动轮椅，应始终以直立方式装运、放置、固定与卸下。电池应处于断路状态，电极应绝缘，以防止意外短路，并且电池应牢固附于轮椅上。

（2）如果不能保证以直立方式装运、放置、固定与卸下，则应卸下电池，轮椅作为托运行李运输，卸下的电池应装入坚固的硬质包装运输，且应满足以下条件：① 包装应严密不漏，能阻止电池液渗漏，并用适当方式（如使用绑扎带、固定夹或支架）将包装固定在货板上或货舱内（不得用货物或行李支撑），以防翻倒；② 电池应防止短路，并直立固定于包装内，周围用合适的数量充足的吸附材料填满；③ 包装应标有“轮椅用湿电池（Battery, wet, with wheelchair）”字样，并加贴“腐蚀性”标签和“包装件方向性”标签，如图 5-6 所示。

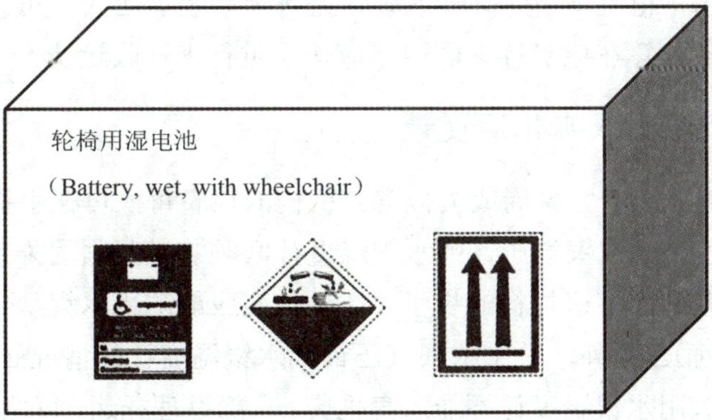

图 5-6 非防漏型电动轮椅电池的包装外部标记和标签

（3）必须填制特殊行李机长通知单，以将内装电池的轮椅或已卸下并单独包装的电池的装机位置通知机长，并与机长交接。

2．防漏型电池驱动的电动轮椅

防漏型电池驱动的电动轮椅的电池应处于断路状态，电极应绝缘，以防止意外短路，并且电池应牢固附于轮椅上。承运人应确保电动轮椅的装载方式能防止意外启动，防止由货物、行李、邮件的移动而导致电动轮椅受损。

四、精密仪器、电器

对精密仪器、电器类物品（如精密医疗器械、实验仪器、电视机、台式电脑等）的运输，各航空公司规定略有不同。一般来说，如符合航空公司非托运行李规定，可由旅客带入客舱自行保管。如重量、体积超过非托运行李限制规定，可由旅客购买占座行李票，作为占座行李带入客舱自行保管并独自承担保管责任。如作为托运行李运输，必须有出厂包装或者有符合航空公司托运行李要求的包装，是否计算在免费行李额内应根据各航空公司的具体规定而定。

五、危险品

所有经承运人同意方能作为行李运输的危险品须在定座时提出。全航程由不同承运人联运时，危险品的联运应符合续程承运人的规定。

（一）体育运动用枪支、子弹

体育运动用枪支、子弹只能作为托运行李运输。收运体育运动用枪支、子弹须凭枪支运输许可证或省、市（含）以上体委部门开具的证明。收运枪支、子弹，必须将枪支扣上保险，枪内子弹弹出，枪支与子弹分开包装，且包装须经承运人认可。托运体育运动用枪支、子弹的重量，不计算在免费行李额内，应按逾重行李计收运费。

（二）水银气压计或水银温度计

经航空公司批准，政府气象局或类似官方机构的代表每人可在手提行李内携带一支水银气压计或水银温度计。水银气压计或水银温度计必须装进坚固的外包装，且必须内有密封内衬或坚固的防漏和防穿透材料的袋子，此种包装应能防止水银从包装件中渗漏（不论该包装件的方向如何）。此外，关于水银气压计或水银温度计的情况必须通知机长。

供个人使用的医用水银温度计不能随身携带，只能办理托运，每位旅客允许托运 1 支，且必须放置在保护盒内。

（三）干冰

旅客携带干冰应获得承运人批准，且每位旅客可携带的干冰净重量不得超过 2.5 千克。旅客携带的干冰仅限用于非限制性的易腐物品的制冷，其包装件应能释放二氧化碳气体。

干冰作为托运行李运输时，每个包装件应标记有“干冰（DRY ICE）”或“固体二氧化碳（CARBONDIOXIDE, SOLID）”字样，同时标记干冰的净数量或标明其净数量不超过2.5 千克，如图 5-7 所示。

图 5-7　干冰行李牌

（四）氧气设备

一般来说，旅客不可携带氧气设备登机，若因身体状况需在机上使用氧气，需提前向承运人提出申请，由相关部门按规定配备机上氧气设备。

（五）锂电池、充电宝

1. 锂电池携带规定

（1）旅客个人自用内含锂电池（见图 5-8）的便携式电子装置（如照相机、手机、手提电脑、便携式摄像机等）可作为手提行李携带登机，但锂电池的额定能量值不得超过100 瓦时。超过 100 瓦时但不超过 160 瓦时的，经航空公司批准后可以装在交运行李或手提行李中的设备上。超过 160 瓦时的锂电池严禁携带。

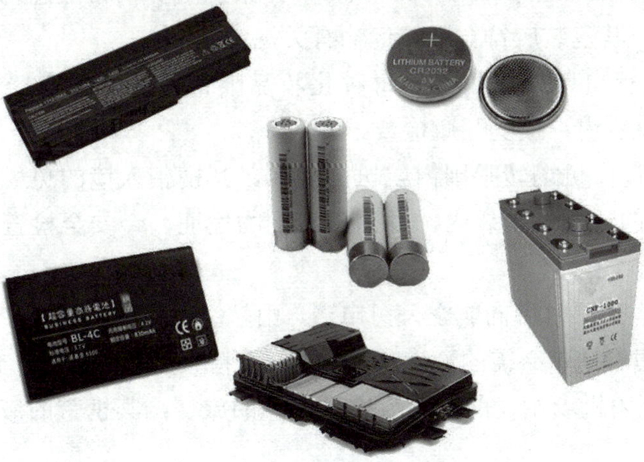

扫一扫

锂电池运输

图 5-8　锂电池

（2）便携式电子装置的备用电池必须单个做好保护以防短路（放入原零售包装或以其他方式将电极绝缘，如在暴露的电极上贴胶带，或将每个电池放入单独的塑料袋或保护盒中），并且仅能在手提行李中携带。经航空公司批准的 100～160 瓦时的备用锂电池只能携带两个。

（3）旅客携带锂电池驱动的轮椅或其他类似的代步工具，以及旅客为医疗用途携带的内含锂电池的便携式医疗电子装置，必须依照相关规定和要求携带并经航空公司批准。

2. 充电宝携带规定

充电宝是指主要功能为给手机等电子设备提供外部电源的锂电池移动电源。旅客携带充电宝乘机应遵守以下规定：

（1）充电宝必须是旅客个人自用携带。

（2）充电宝只能在手提行李中携带或随身携带，严禁在托运行李中携带。

（3）充电宝额定能量不超过 100 瓦时，不需要航空公司批准；额定能量超过 100 瓦时但不超过 160 瓦时，经航空公司批准后方可携带，但每名旅客不得携带超过两个充电宝。

（4）严禁携带额定能量超过 160 瓦时的充电宝，严禁携带未标明额定能量同时也未能通过标注的其他参数计算得出额定能量的充电宝。

（5）不得在飞行过程中使用充电宝给电子设备充电。对于有启动开关的充电宝，在飞行过程中应始终关闭充电宝。

（六）液态物品

扫一扫

液态物品运输

因许多危险液体属性判别的技术局限及旅客乘机携带液体的常态性，为了严格规范旅客行为，确保旅客空防安全，中国民航对旅客携带液态物品进行了明确的要求：

（1）乘坐国内航班的旅客一律禁止随身携带液态物品，但可办理交运，其包装应符合民航运输有关规定。

旅客可携带少量旅行自用的化妆品，每种化妆品限带一件，其容器容积不得超过 100 毫升，并应置于独立袋内，接受开瓶检查。

来自境外需在中国境内机场转乘国内航班的旅客，其携带入境的免税液态物品应置于袋体完好无损且封口的透明塑料袋内，并需出示购物凭证，经安全检查确认无疑后方可携带。

有婴儿随行的旅客，购票时可向航空公司申请，由航空公司在机上免费提供液态乳制品；糖尿病患者或其他患者携带必需的液态药品，经安全检查确认无疑后，交由机组保管。

（2）乘坐从中国境内机场始发的国际、地区航班的旅客，其携带的液态物品每件容积不得超过 100 毫升。

盛放液态物品的容器，应置于最大容积不超过 1 升的、可重新封口的透明塑料袋中。每名旅客每次仅允许携带一个透明塑料袋，超出部分应托运。

盛装液态物品的透明塑料袋应单独接受安全检查。

需要在国外、境外机场转机的由中国境内机场始发的国际、地区航班旅客，在候机楼免税店或机上购买液态物品，应保留购物凭证以备查验。所购物品应盛放在封口的透明塑料袋中，且不得自行拆封。国外、境外机场对携带免税液态物品有特殊规定的，从其规定。

来自境外需在中国境内机场转乘国际、地区航班的旅客，携带液态物品，适用于本条规定。其携带入境的免税液态物品应盛放在袋体完好无损、封口的透明塑料袋中，并须出示购物凭证。

民航小贴士

《民用航空安全检查规则》中明确了液态物品的界定：液态物品包括液体、凝胶、气溶胶等形态的液态物品。其包括但不限于水和其他饮料、汤品、糖浆、炖品、酱汁、酱膏，盖浇食品或汤类食品，油膏、乳液、化妆品和油类，香水，喷剂，发胶和沐浴胶等凝胶，剃须泡沫、其他泡沫和除臭剂等高压罐装物品（如气溶胶），牙膏等膏状物品，凝固体合剂，睫毛膏，唇彩或唇膏，或室温下稠度类似的任何其他物品。

任务实施

设计特殊行李运输服务科普海报

根据所学知识，查阅相关资料，设计特殊行李运输科普海报。要求：

（1）各航空公司对特殊行李运输规定各不相同，尽量选择当地或较近城市的航空公司的规定作为参照。

（2）科普内容重点放在小动物、服务犬、轮椅、锂电池、液态物品的运输，可只做这些特殊行李的科普，也可适当进行拓展。

（3）图文结合，排版美观。

任务评价

请评价人员根据表 5-2 对上述任务实施情况进行评价。

表 5-2 任务实施评价表

评价标准	分值	自评	互评	师评
能够正确科普小动物运输的相关知识	20			
能够正确科普服务犬运输的相关知识	10			
能够正确科普轮椅运输的相关知识	20			
能够正确科普锂电池运输的相关知识	20			

表 5-2（续）

评价标准	分值	自评	互评	师评
能够正确科普液态物品运输的相关知识	10			
海报配图、排版精美	10			
逻辑清晰，语句通顺	10			
合计	100			
总评（自评×20%+互评×20%+师评×60%）				

任务二 掌握行李非正常运输服务

任务清单

请根据任务清单完成课前预习、课中学习和课后复习，完成后在对应的方框内打“√”。

课前预习	□	查询行李非正常运输相关资讯，了解行李非正常运输的常见原因
	□	登录航空公司官网，查询航空公司处理行李非正常运输的规定
课中学习	□	掌握迟运行李、少收行李、无人认领行李的处理方法
	□	熟悉多收行李、速运行李、破损行李、内物短少行李的处理方法
课后复习	□	完成任务实施，深化对课上所学知识的掌握和应用
	□	查询国内、国际处理行李非正常运输的相关法律、法规、条例、公约，根据两者的差异对比，发表自己的感想
	□	回顾本任务所学知识，总结知识重点、难点，建立知识脉络体系

任务导入

苏女士乘坐某航班到达目的地机场后，在行李提取大厅却找不到自己的行李，随后来到行李查询柜台要求解决。工作人员经过查询，发现此次航班的确有一件无人领取的行李，但却不是苏女士的，于是提出让苏女士回家等待消息，航空公司会尽快给予其回复。然而，苏女士经过 20 多天的等待，才被航空公司通知其行李丢失。苏女士决定向该航空公司讨要说法。

请思考

如果你是该航空公司此次事件的主要负责人，你将如何处理苏女士的这一问题?

知识讲解

一、迟运行李

（一）迟运行李的概念

迟运行李是指因漏装行李、行李牌脱落无法辨认行李的目的地、旅客晚到行李来不及装机或载量不足拉卸行李，使旅客的托运行李未能随旅客同机运出。

（二）迟运行李的处理

1. 国内航班迟运行李的处理

（1）接收信息

① 接到机坪分拣员电话通知或送来出港迟交运行李时，行李查询人员应立即对迟运行李进行登记。

② 行李查询人员完成迟交行李交接、登记手续后，重新检查行李外包装是否完好无损。如未上锁，应立即将行李封条。

③ 行李查询人员通过离港系统，查找出最早后续航班，安排行李速运并进行登记，同时将行李称重、填写速运行李牌并拴挂好。

④ 如后续航班是当天出港航班，行李查询人员最迟应在该航班起飞前 30 分钟将行李送到分拣厅与行李分拣员交接，同时将速运行李件数、重量通报有关单位。

⑤ 若后续航班是次日出港航班，行李查询人员除完成登记、挂牌手续外，还应将速运行李交与次日工作人员，以免漏运。

（2）传递信息

① 速运行李安排好后，行李查询人员应在 10 分钟内给前方站拍发速运电报，必要时还要致电目的地告知此信息，以便在旅客到达时及时通知旅客。

② 如机坪已将迟运行李及时装上后续航班，行李查询人员接此信息后，除按以上程序登记、通报外，还应在 10 分钟内给前方站拍发告知电报。值得注意的是，必须将速运行李件数、重量通报有关单位，以防隐载，减少安全隐患；原则上应安排最早后续航班将行李运抵目的地。

2. 国际出港航班迟运行李的处理

在始发站，应对迟运行李做以下处理：

（1）机坪行李分拣员将没有装上飞机的迟运行李送至行李查询室，行李查询人员将迟运行李进行登记。

（2）行李查询人员把迟运行李带到海关处报告海关，并对行李行海关检查。

（3）根据航班动态安排后续最早航班将迟运行李运往目的地。

（4）运出前，填写并拴挂速运行李牌，再次将行李送海关检查、记录后，交机坪行李分拣员装上飞机。

（5）航班起飞 10 分钟内拍发运送行李电报给行李目的地站，以便在旅客到达之时及时通知旅客。

（6）对行李牌脱落无法确定行李目的地的迟运行李，应等待其他航站发来查询电报，确定行李的目的地后，再安排后续航班将行李运往行李的目的地。

在中转站，对中转迟运行李的处理方法是：收到中转迟运行李后，按照速运行李牌上列明的航班号或日期转运行李。

旅客至上

一件迟运行李的接力“回家”路

早出港高峰时段，行色匆匆的旅客办完值机手续后陆续登机开启自己的旅程。然而，因行李传送系统故障，一位旅客的行李未能与主人同行，滞留在了青岛胶东国际机场。一件迟运行李的接力“回家”路，由此拉开了序幕……

7 月 26 日，山航青岛现场保障中心行李服务单元接到通知：SC4615 青岛—银川航班有一件行李系统迟下。为了减少行李延误给旅客造成的不便，行李查询人员将行李迟运信息第一时间发至旅客手机，并及时通知了银川河东国际机场（简称“银川机场”）行李查询部门，叮嘱其为旅客做好行李少收的相关服务，同时安排了当日的 CZ6479 航班速运此行李，预计行李到达银川时间为 11：45。当日 12：00，旅客来电询问其行李迟运一事，工作人员诚恳地向旅客表达了歉意，并安抚旅客焦躁的心情，由于后续速运航班此时已经落地银川机场，工作人员建议旅客只需在机场稍做等待即可提取行李。

然而，事情却没有想象的那么顺利，旅客表示自己马上要乘坐 MU9881 航班由银川前往嘉峪关机场，现在已经准备登机，已无法提取其延误到达的行李。为了不耽误旅客的后续行程，值班主任殷吉军建议旅客先乘坐航班离开，后续山航方会联系银川机场将行李运至嘉峪关机场。旅客表示其 28 日要参加婚礼，行李当中有十分重要的东西，无论如何要在 27 号收到行李，不然婚礼将无法如期进行。与旅客结束通话后，殷吉军立即致电银川机场，查询后续速运航班。经核实，26 日、27 日两天已无银川至嘉峪关的直达航班。考虑到这种情况，殷吉军随即询问专车派送事宜，获悉银川至嘉峪关的派送费用在 2 000 元以上，但由于银川机场未安排过如此远途的行李派送，所以准时性与可靠性并不能保证。本着“安全第一、服务至上、成本领先、诚信为本”的理念，又考虑到旅客对行李的急需程度及行李派送的成本与安全性，山航最终制定了将行李交由其他机场转运的方案。

随即，殷吉军迅速查询了时间最短、转运机场最可靠的衔接航班，最后决定使用由银川至西安再转运嘉峪关的速运方案。为了使整个转运过程更安全、更流畅，殷吉军首先联系了山航地服 AOC（飞行区运行指挥中心）值班人员，请其协调西安场站山航工作人员协助办理此事，随后致电西安场站山航工作人员将此事一一交代清楚。待一切环节落实到位后，殷吉军致电银川机场，告知其将行李通过26日的ZH9582航班速运到西安。26日傍晚18时，迟运行李由银川飞往西安。当日晚20时，殷吉军致电西安咸阳国际机场确认行李已经抵达，并与其再次确认了27日通过MU2324航班由西安速运该行李到嘉峪关的方案。27日上午，殷吉军再次致电西安，确认行李已速运至嘉峪关的航班上。13：30，殷吉军致电嘉峪关机场，确认行李已收到，旅客已第一时间取走行李。

一件迟到的行李，牵动了托运人与承运人的心，多座机场协同联动，高效、无误、安全地完成了此次行李转运工作。

二、少收行李

（一）少收行李的概念

少收行李是指因运输差错，使得航班到达后，目的地航站无法按规定的时间和行李数量向旅客交付的行李，或下落不明、尚待查找的行李。

行李少收的原因主要有以下几种：

（1）始发站漏装行李，错装行李，或因行李牌脱落无法辨认行李的目的地而没有装上飞机，或因飞机载量不足把行李卸下。

（2）中途站卸错行李。

（3）到达站漏卸行李，或混淆行李、货物，将行李卸到仓库或其他地方。

（二）少收行李的处理

1．到达站少收行李的处理

（1）在航班到达前，行李查询人员首先应检查所有关于即将到达的航班的不正常行李运输的电报和系统信息，以便旅客前来询问时做准确答复。

（2）当旅客提出有少收行李时，行李查询人员应主动请旅客出示行李牌，根据行李牌号码在该航班的行李运输不正常的电报或电脑信息或航空公司行李查询系统中进行匹配查找，同时还需要查看本站多收行李记录和行李仓库记录本，以排除行李提前到达的可能。

（3）若根据行李牌号码查无相关信息，行李查询人员应主动请旅客出示有效身份证件、登机牌等，检查旅客有无改变航程、是否办理过签转手续，并向旅客了解少收行李的类型、颜色等详细信息。对联程行李，还要向旅客询问转机情况（如转机时间是否充足等），最后看见行李的地点，是否已在中转站提出查询等。

（4）根据旅客提供的行李详细信息，行李查询人员在到达航站进行初步查找：① 查看行李提取区域、行李仓库是否有无人认领的行李；② 通知外场装卸人员检查货舱、集装箱，查看是否有漏卸的行李；③ 询问中转部门是否有到达行李错卸中转分拣区域；④ 向货运部门了解是否有行李作为货物错卸。

（5）若经上述工作，行李仍查无下落时，行李查询人员应将此情况及时告知旅客，同时请旅客详细填写“行李运输事故记录”（PIR，参见表 5-3），一式两份：一份交旅客收执，凭以领取行李或作为索赔的依据；另一份由到达站行李查询部门留存。同时，回收旅客的行李牌，并附在存档的“行李运输事故记录”上。

表 5-3　行李运输事故记录示例

行李运输事故记录
PROPERTY IRREGULARITY REPORT(PIR)

AHL　DMG　P/LOST

Airport机场　Carrier承运人　Reference number编号

Reference No.
查询编号

中文名字

For inquiries
please phone
查询电话
（国内行李）×××
（国际行李）×××

FR	编号 File Ref No.			
NM	旅客姓氏 Passenger Surname	1	→	
IT	旅客名字缩写 Passenger Initials	2	→	
TN	行李牌号码 Baggage Tag No.	3	→	
TC	类型和颜色 Type&Colour	4	→	
RT	需查询地点和/或航程 Station/Routing	5	→	
FD	航班/日期 Flight No./Date	6	→	
BI	商标外部特征 Brand Name of Bag Distinctive Outside Identification	7	→	
		7	→	
CN	行李内容 Contents	8	→	
		8	→	
FI	运送指示附注 Forwarding	9	→	FWD → → TAG/DEST → L/S →

DAMAGED INFORMATION

Please indicate damage on these drawings

Side1　Side2　end1　end2　top　bottom

Type of damage
Minor ○
Major ○
Complete ○

行李类型和颜色 Bagg. type and colour	质地 Material		商标 Brand name	购买日期 Date of purchase	价值 Purchase value	现在价值 Present value

表 5-3（续）

附注 REMARKS			Class of travel F C Y □ □ □
客票号码 Ticket form and serial No.	发生事故的行李件数/重量 Pc(s)&Wt. of missing/damaged bag	发生客票上行李总件数及重量 Total pc(s)&Wt. of checked Baggage as per ticket	
合并交运行李的人数 Pooled passenger No.	逾重行李票号码： Excess baggage ticket No.	逾重重量： Excess weight:	保险单号码： Insurance policy No.
旅客永久住址及电话号码 Passenger's Permanent address and phone NO.	旅客临时住址及电话号码 Passenger's temporary address and phone NO.		是否已赔偿 Compensation yes/no
日期 Date　航站 Station	经手人签字 Agent Signature	旅客签字 Passenger's Signature	
本记录不涉及对任何责任确认 This report does not involve any acknowledgement of liability	本记录自填开之日起180天内有效，另行李丢失21天后可申请索赔。 This record valid within 180 days after agent's signature.		

民航小贴士

行李运输事故记录填写注意事项：

（1）注明事故类别 AHL（少收行李）、DMG（破损行李）、P/LOST（行李内物丢失），在对应项打“√”。

（2）查询编号的编写顺序为受理承运人（代理人）所在机场三字代码、最后承运人的二字代码、档案顺序编号。

（3）用英文或拼音填写旅客姓名及其称谓，如有中文名字需要在“中文姓名”一栏中填写。旅客名字缩写填写旅客英文姓名缩写形式，最多不超过 4 个字母。

（4）根据行李识别图和行李外部特征描述代码填写行李类型和颜色，标准格式为“颜色两字代码+型号两位数代码+外部特征描述三位代码”。

（5）“需查询地点和/或航程”栏按照顺序填写行李运输航程中始发、经停、中转、目的站机场三字代码。

（6）“行李内容”栏需填写行李内明显易认的物品。如行李破损，此栏填写受损物品；如内物丢失，此栏填写所丢失物品。

（7）“运送指示附注”栏，“FWD”填写行李找回后应运的地点及接收单位，“TAG/DEST”填写行李牌的目的站，“L/S”填写旅客最后见到行李的地点。

（8）破损行李损坏情况按照行李实际损坏情况在附图相应部位打“×”，并在破损类别相应项打“√”，同时对破损情况做适当说明。

（9）“客票号码”栏内填写发生事故的有关航段的所有客票号码。

（10）在“发生事故的行李件数/重量”栏中，若为少收行李，则根据“客票上行李总件数及重量”栏内记录，清点及复称已收到行李，核实少收行李件数和重量，并进行填写；若为破损行李或内物丢失行李，需根据交运行李的总重量，清点及复称无破损或可交付旅客部分重量，核实事故行李损失件数及重量，并填写发生事故行李损失部分的重量。

（6）填写“临时生活用品付款单”（参见表 5-4），请旅客签字，并按照相关规定和标准支付给旅客临时生活补偿费。

表 5-4　临时生活用品付款单示例

临时生活用品付款单

RECEIPT FOR ACCOMODATION FOR DAILY NECESSITIES

兹有我（签名人）在乘坐______航班旅行时未收到我的交运行李，愿接收本公司支付的如下金额以购买临时生活必需品。我理解并同意将来如找不到我的行李，如下金额将计算入______公司对我的赔偿款项内。

I, the undersigned, received from______, the sum baggage during the below for the purchase of temporary necessary personal items due to the non-delivery of my checked course of my travel on flight. It is understood and agreed that above payment will be applied and credited to any future adjustment made to me by______, in the event that my baggage is not located.

行李事故编号/Ref No.: ____　日期/Date: ____　飞机号/A/C REG: ____　飞机所属/Branch: ____

旅客姓名/Passenger's name: ______________________

航程/Routing: ______________　客票号码/Ticket No.: ______________

行李牌号码/Tag No.: ______________________

航班/日期/Flight No./Date: ______________________

赔偿原因/Type of compensation: ______________________

表 5-4（续）

赔偿金额/The sum of: ________
地址/Address: ________
经手人/Prepared by: ________ 批准人/Authorized by: ________
旅客签字/Passenger's signature: ________

（7）如果少收行李未能在随后 2 小时内用后续航班运到，应立即向该行李运输全程有关航站拍发行李少收电报，并建立行李少收档案。

（8）若行李在 3 天后仍查无下落的，应通知旅客填写“丢失行李调查表”（参见表 5-5），旅客填写完成后可通过邮件、邮寄、传真或上传航空公司网站等形式提交。

表 5-5　丢失行李调查表示例

丢失行李调查表

Missing Property Questionnaire

查询编号 File Reference Number:	行李丢失 Missing Baggage□		内物丢失 Missing Item□
尊敬的旅客： ×××航空公司对您的行李未能与您同机抵达而给您带来的不便深感歉意。如果您在报失后 72 小时内仍未收到丢失行李，请您将此表列明的各项内容填妥，并尽早邮寄或传真至我处。由于此资料会有助于进一步查找您的丢失行李，请您尽量列明行李内物细节（含丢失物品数量、名称、购买日期及购买价值），以便查找。如果您丢失若干件行李，请分别填写每件行李的内装物品明细。非常感谢您的配合。		Dear Passenger, Please accept our sincere apologies for the baggage delay on your arrival and for any inconvenience caused. If your missing personal property can not be located within 72 hours, please complete this form, including the inventory list as detailed as possible and send it back to us through mail or fax. This form will be used for baggage tracing, please list details of contents (includes quantity, title, purchasing date and value) . In case of multiple missing, we would like you to complete one separate list for each baggage. Thank you for your cooperation.	
姓氏/Surname		名字/First name	
联系地址/Contact Address			
联系电话/Contact Phone		国家/Country	
电子邮件地址/Email Address		传真/Fax	
会员卡号码/Membership No.		职业/Occupation	
航空公司（Airline）	航班/日期（Flight/date）	起飞机场（From）	到达机场（To）
托运行李总数(件/千克) Total No. of Baggage Check-in (piece/kilo)	已取行李总数（件/千克） Total No. of Baggage Received (piece/kilo)	丢失行李总数（件/千克） Total No. of Baggage Missing (piece/kilo)	您最后在何时、何地见到您的行李?/When and where did you see your baggage last?

表 5-5（续）

是否已付行李逾重费用？/Have you paid any excess baggage charges? 是 Yes □ 否 No □ 是否已付声明价值附加费？/Have you paid any excess value declaration charges? 是 Yes □ 否 No □ 请附收据/Please enclose receipt				
行李上的特殊标记或姓名地址/Special markings or name and address label on baggage				
行李是否在途中重新交运或更换行李牌？/Was baggage rechecked and new tag issued? 是 Yes □ 否 No □ 如果是，在哪个机场？/If yes, at which airport? ____________				
您是否有向其他航空公司报失？/Was loss already reported to other airline? 是 Yes □ 否 No □ 如果是，在哪家航空公司？/If yes, at which airline? ____________				
丢失行李的类型/Type of missing baggage 质地/Material ____________ 品牌/Brand____________ 颜色/Colour ____________				
如果您在到达目的站机场时未能及时申报行李丢失，请列明原因。/If you did not report the loss at once on arrival, please state reason.				
您以何种方式申报行李丢失？/Was report made? 亲身前往/In person □ 电话/By phone □				
请详细列出行李内的物品。每件丢失行李填写一张清单。 Full details of contents of missing baggage. Please use separate sheet for each bag.				
请用正楷填写/Please print in capital letters				
Quantity 数量	Article 物品	牌子名称，颜色，质地及其他描述 Brand, Colour, Material etc.	购买日期 Purchase Date	购买金额 Purchase Price
您以前是否丢失过行李？/ Have you had any previous baggage losses? 是 Yes□ 否 No□	总金额 Total Value		货币单位 Currency	
本人声明证实上列提供之详情完全属实。 I affirm that the above particulars are completely true.		签名/Signature		日期/Date

（9）行李查找 21 天后仍无下落，旅客提出索赔时，应先仔细检查本站行李仓库内的多收行李（包括脱票行李和有行李票但至今仍无人领取的行李），经检查确无所需行李后，拍发最后查询电报，并对旅客进行行李赔偿。

（10）在行李查找过程中，应及时将查找结果通知旅客，要求：第一次通知时间为旅客报失少收行李后的 24 小时内，第二次通知时间为在旅客报失少收行李后的 48 小时内，第三次通知时间为在旅客报失少收行李后的 72 小时内。若 72 小时后行李仍未找到，行李查询人员应主动将查询结果通知旅客，并将与旅客沟通的情况、查询行李的经过补充在档案内。

（11）少收行李经查询找回后，行李查询人员应及时通知旅客前来认领，或按照旅客要求运往旅客所在地，同时拍发电报通知相关航站行李已找到。

（12）少收行李找回或确已丢失并行李赔偿后，应在相应记录本或系统档案上结案。

2．出发站少收行李的处理

出发站少收行李是指行李由本站始发至外站，但因故未能与旅客同机到达而尚待查找。当行李的始发站在收到少收行李电报后，应立即做以下处理：

（1）根据到达站发来的少收电报，对少收行李的详细资料进行登记，并建立该出发少收行李的少收档案。

（2）根据少收电报提供的资料，查看本站多收行李登记和各站发来的多收行李电报。

（3）在本站的行李仓库、货物仓库、出发厅行李传送带周围等有关地点进行查找。

（4）联系有关单位（如其他承运人在本站的行李查询部门等）协助查找。

（5）无论行李找到与否，都应在 2 小时内回电答复对方站。如在本站找到，则按少收电报上的运送指示运送行李，拍发运送电报，并在速运牌上详细注明迟运的原因。如经查询无遗漏行李，则拍发确已装机电报，并通知对方站与旅客最后见到行李的中途站及中转站联系查询。

三、多收行李

（一）多收行李的概念

多收行李是指在航班到达后，行李交付工作完毕后仍无人认领的行李，或在出发站发现的因行李票掉落、旅客迟到等原因而无法与旅客同机运出的行李。

多收行李分为外站错运到本站的行李、外站挂错牌的行李、卸错的行李、本站少收的行李以及无任何标签和行李牌的行李或货物。其中，外站错运到本站的行李是指行李牌上的航班号、目的地均不是本站的行李；外站挂错牌的行李是指行李牌上的航班号、目的地是本站，但无人认领的行李；卸错的行李是指行李牌上航班号正确，但目的地不是本站的行李；本站少收行李是指行李上挂有速运牌，但目的地不是本站的行李。

（二）多收行李的处理

1．多收站的处理

（1）行李查询人员将多收行李进行登记，并按照规定填写和贴挂多收行李牌，然后将行李放入行李仓库保管。多收行李进出仓库时需要做好登记。

（2）对所挂行李牌标示的到达站非本站的错运行李，行李查询人员应按照速运行李办理程序，立即按照其行李牌所示的到达站信息安排相应的最早航班将行李运输，并给对方站拍发运送电报。若本站没有至目的站的直达航班，或短期内没有合适的中转航班将行李运送至目的站，或因海关原因无法将行李直接运至目的站，行李查询人员可按速运行李将多收行李退回始发站或错运至本站的中转站，并发送电报通知相关航站。若不能当天运出行李，行李查询人员需将多收行李有关信息记录输入系统，并拍发电报通知目的站。若不能确定行李上的行李牌是否有效（如航班日期与当天日期不相符），应立即向该行李牌所示的到达站拍发多收行李电报，若对方站没有回电认领该行李，则将此行李按照脱牌行李处理。

（3）对挂有到本站行李牌的多收行李和脱牌行李，行李查询人员应根据行李信息在系统中查找该行李的旅客信息或核对本站的少收行李记录，若确认为本站的少收行李，应立即联系旅客领取行李，若旅客不在本地，可将行李转运至旅客要求的航站，并将运送信息录入行李查询系统中；同时还要核查外站发来的少收行李查询电报，若确认为外站的少收行李，则按照其指示运送或交付行李。如果无法查知旅客去向，则应及时建立多收档案，同时向始发站或旅客可能的目的站拍发多收电报。

（4）若多收行李到站 72 小时后仍无法确定去向，可在值班领导会同 2 名工作人员在场的情况下打开行李，寻找失主信息，清点行李内物并做行李内物详细记录，并再次向相关航站拍发多收行李电报。若多收行李到站 5 天仍无法确定去向，应运送至航空公司指定的行李查询部门统一查询处理。若多收行李自保管之日起已到站超过 90 天，按照无人认领行李处理。

2．收到多收行李电报的处理

（1）核对本站少收行李记录，确认为本站少收行李后，向多收站拍发索要行李电报，待收到行李后，尽快将行李交付旅客。

（2）若非本站少收行李，可不予回电。若发现该行李线索，可将相关情况通知多收航站。

四、速运行李

（一）速运行李的概念

速运行李是指行李发生不正常运输（如迟运、多收）后，需要及时、迅速运抵行李目的地的行李。

（二）速运行李的处理

1．速运行李的运送

（1）可使用原承运航空公司或其他航空公司的最早起飞航班免费运送速运行李，并将速运行李的件数和重量报配载部门或输入离港系统。因不同航空公司的航班可能在不同的候机楼提取行李，故应尽量选择原承运航空公司的航班。

（2）按照规定填写速运行李牌，包括：运送的目的站、中转站、航班号、日期，该行李相关的少收或多收编号，原行李牌号码，旅客的姓名、联系电话、地址，以及其他交付指示。填写完成后将速运行李牌拴挂在行李上，并将原拴挂在行李上的行李牌卷折。同时为防止速运行李牌脱落，还应做好充足的粘贴工作。

（3）如速运行李离开安全区域，则在被运送前需再次进行安全检查。

（4）向行李的相关航站拍发速运电报，通知行李的运送航班、日期、目的地，还可将旅客的联系电话、地址等信息通知目的站，以便目的站及时将行李交付旅客。

2. 速运行李的交付

（1）速运行李到达后，应尽快通知旅客提取，或按照旅客要求将行李送至旅客指定地点。交付行李时，需收回旅客的“行李运输事故记录”，若旅客将其丢失，应向旅客索要书面证明。

（2）少收航站收到速运行李，拍电报或电话告知本站结案后，行李查询人员应及时在该行李相关记录中注明结案。若少收航站未告知结案，行李查询人员要在速运航班到达少收航站后，打电话追踪少收航站是否收到速运行李。确定收到后，在该行李相关记录中注明结案。

3. 速运行李的责任划分

（1）使用其他航空公司的航班承运速运行李，若在运输过程中发生行李损失，责任由原承运航空公司承担，负责运输的其他航空公司不承担责任。

（2）速运行李交付时所发生的地面交通费用，由造成该行李不正常运输的航空公司承担。

五、破损行李

（一）破损行李的概念

破损行李是指在运输过程中，因外部受到损坏或外部形状发生改变或受污染，致使外包装和/或内物价值遭受损失的托运行李。

（二）破损行李的处理

不同航空公司对破损行李的处理方法各不相同，一般处理程序如下：

（1）旅客提取行李时声明行李损坏，应先检查行李上是否拴挂了免除责任行李牌，并请旅客出示行李领取凭证，查看是否有“行李托运前已破损”或“包装不符合规定”等标注。

（2）会同旅客对破损行李进行检查，要点如下：① 是否有人为开、撬的迹象，破损痕迹的新旧程度如何；② 行李本身的包装是否符合航空运输的规定；③ 整件行李的重量是否超过其包装所能承受的负荷；④ 将破损行李过秤复查，核对旅客客票上填写的托运行李重量与实际重量是否相符，以确定行李的内物是否短缺。

（3）确认是航空公司原因造成的行李破损的，应会同旅客填写“行李运输事故记录”，一式两份，一份交旅客收执作为索赔依据，一份由航空公司留档存查。回收旅客行李领取凭证和行李牌，复印旅客有效身份证件及全航段机票（或登记牌或行程单），整理、汇总资料，在行李系统中建立相应档案。

（4）按照航空公司标准对旅客进行赔偿，办理完成赔偿后收回旅客的“行李运输事故记录”，并在行李系统中结案。

（5）行李受损导致内物丢失时，可先办理行李破损手续再办理内物丢失手续，也可根据具体情况并与旅客协商后将两项合并办理，但是行李破损和内物丢失赔偿的总金额不应超过每位旅客的行李赔偿规定的最高限额。

（6）若在装卸时发生或发现行李破损、污染情况，装卸或值机部门应立即通知行李查询部门并说明原因，并由经手行李的分拣或装卸人员填写“行李装卸事故签证”。行李查询部门需做好相关记录并采取必要的补救措施，经修整符合运输条件后，尽可能当班运出，运出时，拍发电报通知行李的目的站、中转站和经停站破损行李状况。如该行李需改运后续航班，须拍发电报通知行李目的站、中转站和经停站，并注明破损行李状况。

值得注意的是，如果行李的外包装完好无损，旅客提出行李内物破损并要求赔偿，除非旅客能提供是承运人的过失所造成的证据，否则，承运人或其代理人可不负赔偿责任。

科技助推民航

行李全流程跟踪

长期以来，托运行李错运、漏运、丢失、破损现象一直是旅客出行的堵点、痛点问题。为此，民航局积极应用 RFID（无线射频识别跟踪技术）等新技术，推进实施行李从交运、安检、分拨、装卸、中转到提取的全流程跟踪，使旅客能够方便地在手机等移动终端及时获取行李信息，实现“安心出行、便利出行”。

民航局按照“一标两端”的工作思路，密集出台了一系列推进行李全流程跟踪系统建设的指导文件，明确了责任部门、时间节点和工作要求；组织编制了托运行李数据格式、接口等一系列标准；鼓励航空公司、机场根据自身实际为旅客提供个性化、特色化行李服务；编制行李公共信息平台认定办法，并按照办法确定中国航信“航易行”平台作为行业行李公共信息平台的职能，有效促进了全行业行李相关数据的交换与共享。

从行业的反馈来看，已完成机场端建设的机场行李差错率得到有效降低；航空公司、机场等通过及时获取行李位置与状态信息，大幅提高了行李运输准确率和准点率，避免因行李运输问题造成航班延误。此外，行业内还涌现了一系列针对提升托运行李信息化的创新应用，如首都机场集团公司针对集团旗下机场众多、类型多样的特点，制定了集团层面行李全流程跟踪平台建设方案；深圳宝安国际机场和大兴机场应用行李跟踪技术，为旅客提供了“行李到门”服务；南航获得国际航协行李跟踪“全网络认证”，进一步提升了中国航空公司的品牌形象。

下一步，民航局将持续扩大行李跟踪服务的覆盖范围，在完成枢纽机场与公共信息平台全面对接的基础上，启动中小机场行李全流程跟踪服务机场端建设，以更全面的行李全流程跟踪服务进一步改善旅客航空出行体验。

六、内物短少行李

（一）内物短少行李的概念

内物短少行李是指因破损或其他因素造成内部部分物品遗失的托运行李。

（二）内物短少行李的处理

（1）如果旅客在领取行李时没有提出异议，即为托运行李已经完好交付，事后旅客又提出行李内物被盗或丢失的，承运人应协助旅客查找，但除旅客能提供证明是承运人的过失造成的外，承运人不承担任何责任。

（2）旅客在提取行李时提出托运行李内物部分被盗或丢失的，一般按以下方式处理：

① 立即通知装卸部门和运输部门的值班领导到现场查看情况，检查该航班到达行李的交付过程，记录卸机、运送行李和交付行李的经办人名单，尽可能找到疑点，短缺严重的要向公安部门或保卫部门报案。

② 会同旅客填制“行李运输事故记录”（一式两份），一份交旅客作为赔偿凭证，一份交查询部门审查。如承运人责任已解决，仅填制一份作存查之用即可。

③ 会同旅客填写一份“丢失行李调查表”，详细填写所丢内物信息，以作为赔偿参考资料。

④ 索取旅客内物丢失行李的行李领取凭证和行李牌，复印旅客有效身份证件及全航段机票（或登机牌或行程单），整理、汇总资料。

⑤ 向有关航站行李查询部门拍发托运行李内物被盗或丢失的电报。

⑥ 找到被盗或丢失物品后，应当面交付旅客，并让旅客办理签收手续。若物品丢失21天仍未找到，应按照相关规定对旅客进行赔偿。

（3）收到外站内物丢失查询电报后，应立即进行仔细查找，查阅交班记录，向装卸、值机部门了解行李装机情况，并将查找结果电告查询站。若找到所丢失物品，则应妥善包装，按速运行李运至查询航站；贵重物品、易碎物品或小件物品，则应交乘务长带到目的站。

七、无人认领行李

（一）无人认领行李的概念

无人认领行李是指多收行李、旅客遗留的自理行李或随身携带物品，或因安全问题被禁止携带的物品，经多方查找无法找到失主，保管期超过规定时限的行李和物品。

（二）无人认领行李的处理

（1）旅客遗留的自理行李物品或随身携带物品等，如果有联系地址、电话的，行李查询人员应首先对行李物品进行登记，然后再通知旅客提取。旅客认领时，应让其填写签收记录。

（2）如果旅客遗失的物品属于贵重物品，如手机、照相机等，行李查询人员应将物品交到候机楼失物招领处，并将失物招领处开具的收条贴在无人认领行李、物品登记表上，同时收条上应注明贵重物品的商标名称、型号，交接双方的签名和日期等。

（3）若为托运行李，则按照多收行李进行处理。

（4）经多方查询仍无法找到失主，从开始保管之日起超过 90 天的行李，由行李查询部门负责处理，在处理前须认真做好清点、登记工作，并上报上级主管领导批准后进行。进行处理时，需有行李查询部门领导等多人现场参与，清点核对行李件数，然后将清理出的行李物品按照规定进行分类处理，处理完毕后相关人员在登记表上进行签字确认，并标注处理日期和“已处理”字样。

政策引领

关于《公共航空运输旅客服务管理规定》中“行李运输”的政策解读

2021 年 3 月 3 日，我国交通运输部正式颁布《公共航空运输旅客服务管理规定》（以下简称《规定》），并于 2021 年 9 月 1 日起开始实施。

行李是“不说话的旅客”。《规定》充分尊重企业的自主经营权，不再对行李尺寸、重量、免费行李额、逾重行李费、小动物运输等进行统一规定，承运人可根据企业经营特点自行制定相关标准并对外公布。为减少行李运输差错，《规定》要求承运人、地面服务代理人、机场管理机构建立托运行李监控制度，防止发生行李运输问题。同时，重点明确了行李延误、丢失、损坏等情形下的处置要求，充分保护旅客财产权益。具体内容如下：

第三十五条 承运人、地面服务代理人、机场管理机构应当建立托运行李监控制度，防止行李在运送过程中延误、破损、丢失等情况发生。

承运人、机场管理机构应当积极探索行李跟踪等新技术应用，建立旅客托运行李全流程跟踪机制。

第三十六条 旅客的托运行李、非托运行李不得违反国家禁止运输或者限制运输的相关规定。

在收运行李时或者运输过程中，发现行李中装有不得作为行李运输的任何物品，承运人应当拒绝收运或者终止运输，并通知旅客。

第三十七条 承运人应当在运输总条件中明确行李运输相关规定，至少包括下列内容：

（一）托运行李和非托运行李的尺寸、重量以及数量要求；

（二）免费行李额；

（三）超限行李费计算方式；

（四）是否提供行李声明价值服务，或者为旅客办理行李声明价值的相关要求；

（五）是否承运小动物，或者运输小动物的种类及相关要求；

（六）特殊行李的相关规定；

（七）行李损坏、丢失、延误的赔偿标准或者所适用的国家有关规定、国际公约。

第三十八条 承运人或者其地面服务代理人应当在收运行李后向旅客出具纸质或者电子行李凭证。

第三十九条 承运人应当将旅客的托运行李与旅客同机运送。

除国家另有规定外，不能同机运送的，承运人应当优先安排该行李在后续的航班上运送，并及时通知旅客。

第四十条 旅客的托运行李延误到达的，承运人应当及时通知旅客领取。

除国家另有规定外，由于非旅客原因导致托运行李延误到达，旅客要求直接送达的，承运人应当免费将托运行李直接送达旅客或者与旅客协商解决方案。

第四十一条 在行李运输过程中，托运行李发生延误、丢失或者损坏，旅客要求出具行李运输事故凭证的，承运人或者其地面服务代理人应当及时提供。

任务实施

情景模拟——行李非正常运输服务

情景：某日，昆明至南京某航班的164件行李因载量原因被落在昆明，昆明长水国际机场（简称“昆明机场”）立即向南京禄口国际机场（简称“南京机场”）发送消息，并为

164 件行李办理了速运手续。南京在接到消息后，立即展开部署：行李查询处增派人员，特别是业务骨干人员，同时与昆明方面协商旅客赔偿事宜。由于此航班旅客多由前往昆明游玩的返程旅行团队组成，旅客大多很疲惫，并且行李中携带了许多纪念品，因此在得知几乎全部行李未随机到达后，情绪十分激动。南京机场工作人员积极向旅客解释行李晚到原因，并帮助旅客办理迟运行李登记手续，旅客情绪逐渐平复。随着 164 件速运行李的陆续抵达，南京机场工作人员又开始协助发放行李、办理赔偿手续等一系列后续工作，并引导旅客乘坐机场事先安排好的大巴离开机场。此次行李非正常运输在多方协同努力下最终被又快又好地解决。

实施步骤：

（1）自行分组，8 人为一小组，1 名同学饰演昆明机场工作人员，2 名同学饰演南京机场工作人员，其余同学饰演旅客。

（2）根据以上情景改编一份完整的情景剧剧本。可进行适当延伸，合理即可。

（3）分组进行模拟，一组模拟时，其余组认真观看并做好记录。

（4）全部小组模拟结束后，互相进行点评和打分。

任务评价

请评价人员根据表 5-6 对上述任务实施情况进行评价。

表 5-6　任务实施评价表

评价标准	分值	自评	互评	师评
能够正确完成两方机场的交接工作，如正确填写速运行李牌、拍发速运电报等	30			
能够根据情景正确地为旅客提供行李不正常运输服务，并指导旅客正确填写各类单据	30			
能够妥善、冷静处理旅客情绪及突发状况	10			
提供服务时亲切、友好	10			
小组合作良好，分工明确	10			
能够认真点评其他小组的情景模拟，并提出合理的优化方案	10			
合计	100			
总评（自评×20%+互评×20%+师评×60%）				

任务三　熟悉行李赔偿

任务清单

请根据任务清单完成课前预习、课中学习和课后复习，完成后在对应的方框内打“√”。

课前预习	□	查询国内行李赔偿资讯，了解国内、国际行李赔偿的相关规定和政策
	□	登录航空公司官网，查询各航空公司行李赔偿标准
课中学习	□	掌握行李赔偿责任范围、行李赔偿标准
	□	熟悉行李赔偿时限、行李赔偿办理程序
课后复习	□	完成任务实施，深化对课上所学知识的掌握和应用
	□	查询国内、国际行李赔偿相关法律、法规、条例、公约，查看两者的差异，并分析其中的原因
	□	回顾本任务所学知识，总结知识重点、难点，建立知识脉络体系

任务导入

近几年，南航将扩大行李全流程追踪的旅客覆盖面作为“我为群众办实事”的重点民生项目之一，为旅客提供了更加优质的服务体验。在旅客关注的异常行李保障方面，除南航通过手机短信主动向行李少收或破损的旅客发送行李已建档、行李已交付、快递派送中、线上赔付等节点的相关信息外，旅客还可通过微信公众号、小程序等主动查询异常行李信息。例如，南航在中国民航首家上线行李破损“一键申报”服务，旅客不仅可登录南航官方 App 或小程序，进入“行李查询”功能模块申报行李破损，还可根据需求选择微信现金赔付、产品代金券、消费里程、多样箱包等多种赔付方式。

请思考

旅客在哪些情况下可申报行李赔偿？行李赔偿额度是如何计算的？

知识讲解

一、行李赔偿的责任范围

（1）旅客的托运行李在承运的过程中，如发生损坏、遗失、污染、短缺或延误运输，承运人应负赔偿责任。旅客的自理行李和手提行李发生损失时，除能证明是承运人过失所造成的外，承运人不负赔偿责任。

（2）托运行李中的任何物品毁灭、遗失、损坏或延误的，承运人只按该损失行李的重量在全部重量中的比例承担责任，但是因托运行李的部分或者托运行李中的任何物品的毁灭、遗失、损坏或者延误，影响同一份行李票所列其他物品的价值的，则在确定承运人的赔偿责任限额时将该份行李票内所列行李的总重量考虑在内。

（3）承运人作为其他承运人的代理人，对其他承运人航班运输的行李所发生的损失不承担赔偿责任，但在获得该承运人授权的情况下，可代为受理旅客的赔偿要求，并将此要求转给有关承运人或责任站点。

（4）对于逾重行李的逾重部分，如未交付逾重行李费，对该部分，承运人可不负担赔偿责任。

（5）对拴挂免除责任行李牌的行李，按牌上画钩符号所标示的项目，免除相应的运输责任。

（6）下列情况，承运人不负赔偿责任：① 自然灾害或其他无法控制的原因造成的行李损失；② 因遵守有关国家法律、政府规章、命令等规定，或因旅客没有遵守相关规定造成的行李损失；③ 由行李本身的性质、缺陷或内部物品原因造成的变质、减量、破损或毁灭。

（7）由旅客内装物品造成的其他行李受损，承运人不承担责任。由旅客行李内装物品对他人行李或物品造成损害的，应由旅客赔偿所有损失。

二、行李赔偿时限

（1）若行李有损坏，旅客应当在交付行李时立即向承运人提出索赔要求，最迟不得超过收到行李之日起 7 日内提出。

（2）若行李有遗失和延误，旅客最迟不得超过行李应当交付之日起 21 日内提出。

（3）赔偿责任的诉讼时效为两年，应从飞机到达目的地之日起，或飞机应当到达之日起，或运输停止之日起计算，否则将丧失所有损失的诉讼权。

三、行李赔偿标准

行李赔偿应根据各航空公司有关行李运输的规定进行办理，具体事宜应以各航空公司官网公布的行李运输规定为准。国内法规、国际公约对行李赔偿的一般规定如下。

（一）国内航班

（1）对托运的行李，行李全部或部分丢失时，赔偿限额为 100 元/千克，行李的价值低于 100 元/千克时，按照实际价值赔偿；行李破损时，根据破损程度议价，赔偿限额为 100 元/千克（空箱本身称重）。托运行李每件赔偿限额为人民币 2 000 元。

（2）对每名旅客随身携带的物品，赔偿限额为人民币 3 000 元。

民航小贴士

对于行李破损的赔偿，航空公司普遍采取多种方案让旅客选择，包括现场配件维修、更换新箱、行李由航空公司送厂家维修、现金赔偿等。

（二）国际航班

符合《华沙公约》标准的国际航班，托运行李的赔偿限额为每千克 17 特别提款权（1 特别提款权的价值约为 1.37 美元），非托运行李的赔偿限额为 332 特别提款权。符合《蒙特利尔公约》标准的国际航班，每名旅客的赔偿限额为 1 131 特别提款权。

民航互动营

“价值数千元的行李，损坏后才赔偿几百块”，虽然航空公司按照规定进行处理，但是很多旅客对此感到不满，认为按照行李重量进行赔偿不合理，且每千克赔偿金额太低。对于这种情况，请谈一谈你的看法。

四、行李赔偿办理程序

（1）确认无法找到行李（或无查询结果），应寄致歉信件通知旅客行李查询结果，并通知旅客填写“丢失行李调查表”，准备机票和身份证明的复印件、“行李运输事故记录”的原件，提出赔偿要求。对声明价值行李和逾重行李，还应出具相关费用的收据。

（2）旅客回复后，复印所有文件及来往查询电报。

（3）重新复核旅客姓名，免费托运行李额，合并托运行李人数，托运行李总件数、总重量，收到行李件数及重量，逾重行李费，行李声明价值等信息。

（4）计算出应该赔偿的金额，向航空公司行李查询中心通报行李赔偿意见和赔偿金额。

（5）填写“行李赔偿收据”（参见表 5-7），通知旅客取款日期，并安排取款事宜。

表 5-7　行李赔偿收据示例

行李赔偿收据

RECEIPT FOR COMPENSATION

行李事故编号/Ref No.：__________　日期/Date：__________　飞机号/A/C REG：__________

飞机所属/Branch：________　旅客姓名/Passenger's name：____________________

航程/Routing：____________________　航班/日期/Flight No./Date：__________

行李牌号码/Tag No.：____

客票号码/Ticket No.：____

赔偿原因/Type of compensation：________________________________

赔偿金额/The sum of：____

解除责任声明：

兹收到__________所支付给我的上述赔偿款项。今后对该行李的损失，不再向本公司或与本公司航班相衔接的承接人或其代理人等提出任何的索赔要求。

RELEASE

I, the undersigned, received from ______________ the above sum. In consideration of this payment, I hereby release and discharge the airlines, its connecting carriers, agents and others from any and all claims or demands which I now have or may hereafter have.

经手人/Prepared by：______________　批准人/Authorized by：______________

旅客签字/Passenger's signature：________________________________

（6）向旅客支付赔偿金额，并请旅客在“行李赔偿收据”上签字，同时将旅客所持的“行李运输事故记录”收回。

（7）已赔偿旅客的丢失行李找到后，承运人应迅速通知旅客领取，并要求旅客退回全部赔款（临时生活用品补偿费不退）。

任务实施

处理行李赔偿

案例一：旅客王某托运 2 件行李从北京前往上海，到达上海后，王某发现有 1 件行李不翼而飞。机场工作人员表示会为王某积极寻找行李，并协助其办理了相关手续。21 天过去了，王某行李确认丢失，王某要求航空公司进行赔偿。

案例二：旅客董先生在机场落地后发现自己的行李箱被损坏，行李箱内价值 3 000 元的名牌包和部分衣物丢失，董先生立即要求航空公司进行赔偿。

案例三：旅客李小姐不慎将价值 5 000 的首饰遗忘在飞机上，经多次查找无果后，李小姐要求航空公司进行赔偿。

如果你是航空公司工作人员，请根据所学知识，对上述 3 个案例进行处理。

任务评价

请评价人员根据表 5-8 对上述任务实施情况进行评价。

表 5-8　任务实施评价表

评价标准	分值	自评	互评	师评
能够明确行李赔偿的责任范围和时限	40			
能够根据行李赔偿标准，依程序正确处理上述案例	40			
处理方式既符合相关规定，又能体现"旅客至上"的真情服务意识	20			
合计	100			
总评（自评×20%+互评×20%+师评×60%）				

项目学习效果综合测试

一、不定项选择题

1. 下列属于行李不正常运输的有（　　）。

A. 破损行李　　B. 少收行李

C. 迟运行李　　D. 多收行李

2. 多收行李包括（　　）。

A. 卸错的行李　　B. 外站错运到本站的行李

C. 外站挂错牌的行李　　D. 无任何标签和行李牌的行李

3. 行李少收的原因主要有（　　）。

A. 始发站漏装行李　　B. 到达站漏卸行李

C. 中途站错卸行李　　D. 旅客未领取行李

4. 由（　　）造成的托运行李的损失，承运人不负赔偿责任。

A. 自然灾害或其他无法控制的原因

B. 遵守有关国家法律、政府规章

C. 旅客没有遵守政府规定

D. 行李本身的性质、缺陷或内部物品原因所造成的变质、减量、破损或毁灭

二、实践题

1.【情景】某日，上海虹桥国际机场（简称“虹桥机场”）行李查询部门收到了一件由沈阳退回的无人认领行李。行李牌上注明：此行李长期无人认领，退回始发站。行李查询人员马上拨打中航信的电话查询客人的联系方式，但并无结果。此时，行李查询人员发现行李箱并未上锁，在汇报上级领导并得到批准后，与其一起打开行李箱查看，发现其中有高档烟酒、茶叶和一个名牌皮包，皮包内有几张银行卡、名片等，通过名片上的联系方式，几经周折，行李查询人员联系上了失主。

据失主讲，他是两个月前乘坐上海至北京的航班时，在虹桥机场不慎将此行李丢失，时隔已久，认为肯定找不回来了，没想到行李又回到了虹桥机场。在了解到失主在北京，不能马上到虹桥机场提取行李后，行李查询人员与北京的行李查询部门联系，用最早的航班将失主的行李运到了北京。

请思考：上述案例属于行李的哪种不正常运输情况？请对虹桥机场行李查询人员的工作做出评价。

2.【情景】某日，从大连出发的一位外宾焦急地来到首都机场行李查询室，称自己有一件装有大量贵重物品的行李未拿到，但 7 小时后他将转乘国际航班到伦敦。随即，行李查询人员询问了大连国际机场的行李查询室，确定这位外宾的行李在大连未装机。但由于当天只剩一趟晚班航班从大连到北京，因此，行李不可能在 7 小时内到达。

请思考：如果你是大连国际机场的工作人员，你将如何处理此事？

3.【情景】某年春运刚开始的第一天，某航空公司广州地面服务部站坪保障行李室就遇到了一些特别棘手的情况：全天行李少收 60 件，破损赔偿 15 件，甚至有一个航班少收行李多达 30 件。第二天一上班，工作人员正在进行班前准备工作和处理前一天的遗留工作时，接到了西安行李查询室的电话，称已出发的某航班因行李分拣系统故障，有 70 多件行李未能装机，需关注后续航班速运。

请思考：如果你是该航空公司广州地面服务部站坪保障行李室的工作人员，你将如何及时安抚好少收行李的几十位旅客？如何处理后续行李到达的清理和递送工作？如何保障后续航班的正常行李运输工作？

项目学习总结与思考

学习要点与难点（请以思维导图的形式列出）	
待（未）解决的问题	
拟解决的方法	
已解决的问题	
经验总结	
学习心得	
思想感悟	

附 表

附表 1 国内主要机场名称及代码

机场名称	三字代码（IATA 代码）	四字代码（ICAO 代码）
北京首都国际机场	PEK	ZBAA
北京大兴国际机场	PKX	ZBAD
上海浦东国际机场	PVG	ZSPD
上海虹桥国际机场	SHA	ZSSS
广州白云国际机场	CAN	ZGGG
深圳宝安国际机场	SZX	ZGSZ
成都双流国际机场	CTU	ZUUU
成都天府国际机场	TFU	ZUTF
昆明长水国际机场	KMG	ZPPP
丽江三义国际机场	LJG	ZPLJ
西安咸阳国际机场	XIY	ZLXY
福州长乐国际机场	FOC	ZSFZ
厦门高崎国际机场	XMN	ZSAM
重庆江北国际机场	CKG	ZUCK
沈阳桃仙国际机场	SHE	ZYTX
长春龙嘉国际机场	CGQ	ZYCC
大连国际机场	DLC	ZYTL
哈尔滨太平国际机场	HRB	ZYHB
南京禄口国际机场	NKG	ZSNJ
杭州萧山国际机场	HGH	ZSHC
宁波栎社国际机场	NGB	ZSNB
合肥新桥国际机场	HFE	ZSOF
石家庄正定国际机场	SJW	ZBSJ
天津滨海国际机场	TSN	ZBTJ
郑州新郑国际机场	CGO	ZHCC
太原武宿国际机场	TYN	ZBYN

附表 1（续）

机场名称	三字代码（IATA 代码）	四字代码（ICAO 代码）
济南遥墙国际机场	TNA	ZSJN
青岛胶东国际机场	TAO	ZSQD
武汉天河国际机场	WUH	ZHHH
长沙黄花国际机场	CSX	ZGHA
贵阳龙洞堡国际机场	KWE	ZUGY
南宁吴圩国际机场	NNG	ZGNN
桂林两江国际机场	KWL	ZGKL
南昌昌北国际机场	KHN	ZSCN
呼和浩特白塔国际机场	HET	ZBHH
银川河东国际机场	INC	ZLIC
兰州中川国际机场	LHW	ZLLL
海口美兰国际机场	HAK	ZJHK
三亚凤凰国际机场	SYX	ZJSY
西宁曹家堡国际机场	XNN	ZLXN
乌鲁木齐地窝堡国际机场	URC	ZWWW
拉萨贡嘎国际机场	LXA	ZULS

附表 2 特殊服务代码

代码	释义	备注
AVIH	货舱运输小动物的旅客	
PETC	携带小动物进客舱的旅客	
BIKE	携带自行车的旅客	
BSCT	携带婴儿摇篮的旅客	
BULK	超大行李	
FRAG	易碎行李	
EXBG	超重行李	
EXST	额外占座的旅客	旅客为旅行舒适而付费占用的额外座位
FRAV	优先保证定座的旅客	
AGED	老年旅客	
PREG	孕妇旅客	
BLND	盲人旅客	
DEAF	聋哑旅客	

附表2（续）

代码	释义	备注
MEDA	身体患病旅客	
WCHC	轮椅服务起止于客舱的旅客	旅客上下客梯、进出客舱均需要人协助或使用轮椅
WCHS	轮椅服务起止于客梯的旅客	旅客可以自己进出客舱，但上下客梯需要人协助或使用轮椅
WCHR	轮椅服务起止于停机坪的旅客	旅客可以自己上下客梯、进出客舱，但从飞机到停机坪的长距离需要轮椅服务
WCMP	手动轮椅旅客	
WCOB	机上轮椅旅客	
WCLB	锂电池驱动轮椅旅客	
WCBD	干电池驱动轮椅旅客	
WCBW	湿电池驱动轮椅旅客	
DIPL	外交信使	
DEPA	有人陪伴的被遣返旅客	被遣返旅客指已合法入境或已非法入境，但稍后被命令离开的人
DEPU	无人陪伴的被遣返旅客	
INAD	被拒绝入境的旅客	因没有签证、护照过期等原因被拒绝入境
TWOV	无签证过境的旅客	也称为过境免签证旅客
LANG	讲特定语言的旅客	
MAAS	需要引导和（或）协助办理手续的旅客	
POXY	携带氧气的旅客	
MEQT	医疗设备	
OXYG	需要在机上使用氧气的旅客	不允许旅客自行携带氧气
SPEQ	运动器械	
WEAP	武器	
FQTV	常旅客信息	

附表3　国内部分航空公司结算代码

航空公司名称	结算代码	航空公司名称	结算代码
中国国际航空股份有限公司	999	天津航空有限责任公司	826
中国南方航空股份有限公司	784	华夏航空股份有限公司	987
中国东方航空股份有限公司	781	重庆航空有限责任公司	878
海南航空控股股份有限公司	880	西部航空有限责任公司	847

附表 3（续）

航空公司名称	结算代码	航空公司名称	结算代码
深圳航空有限责任公司	479	成都航空有限公司	811
厦门航空有限公司	731	昆明航空有限公司	833
四川航空股份有限公司	876	云南祥鹏航空有限责任公司	859
山东航空股份有限公司	324	幸福航空有限责任公司	929
上海航空股份有限公司	774	乌鲁木齐航空有限责任公司	886
春秋航空股份有限公司	786	西藏航空有限公司	088
上海吉祥航空股份有限公司	018	国泰航空有限公司	160
奥凯航空有限公司	866	香港航空有限公司	851
北京首都航空有限公司	898	澳门航空股份有限公司	675
中国联合航空有限公司	822	中华航空股份有限公司	297
河北航空有限公司	836	长荣航空股份有限公司	695
浙江长龙航空有限公司	891		

参考文献

［1］陆东．民航旅客运输［M］．2版．北京：人民交通出版社股份有限公司，2020．
［2］徐婷婷，许夏鑫．民航旅客运输［M］．2版．北京：科学出版社，2019．
［3］赵影，陈颖．民航旅客运输［M］．北京：中国人民大学出版社，2020．
［4］王刚，吴易．民航旅客运输［M］．成都：四川大学出版社，2020．
［5］綦琦，杨芳．值机业务与行李运输实务［M］．3版．北京：电子工业出版社，2021．